CÓMO VIVIR CON POCO DINERO Y JUBILARTE PRONTO

Estrategias para Vivir Frugal sin Sufrir para Obtener la Independencia Económica que Siempre has Querido

SHANE LAW

Índice

Introducción

Vivir con el miedo de no poder pagar nunca tus deudas es terrible. Dada la situación actual, el dinero parece ser un problema para todas las personas. Con el aumento de la inflación viene la deuda y más gastos que nunca parecen terminar. Hay personas que necesitan desesperadamente planificación financiera y asesoramiento de expertos sobre cómo manejar su crisis y planificar inteligentemente su jubilación.

Cuando todos los gastos parecen interminables y la carga de la deuda te mantiene bajo presión, puedes estar a punto de estresarte, ya que los sentimientos son abrumadores. Estás haciendo todo lo posible para encontrar un boleto para salir de este oscuro escenario, y cualquier rayo de esperanza que veas, lo harás. Confía en nosotros, hemos estado allí, lo hemos experimentado y salimos más fuertes y con más conocimientos que nunca.

Si eres joven, la idea de jubilarte anticipadamente puede parecer imposible en este momento. Por lo general, los jóvenes están bastante ocupados planificando sus carreras o familias o incluso estableciéndose en nuevos lugares. Por lo tanto, es comprensible que puedan ser reacios a empezar a pensar en la jubilación. Sin embargo, la vida sigue, y en momentos como estos, bastante rápido. Cada año, la gente pospone sus planes en cuanto a la jubilación. En última instancia, significa que año tras año se alejan más de asegurar una jubilación anticipada y pasar un buen rato en sus años dorados.

Una de las prioridades más importantes en su vida debe ser jubilarse temprano con seguridad y libertad financiera.

Aunque esto solo vale la pena si se puede adquirir a través de un estilo de vida financieramente cómodo y libre de estrés. Si te mantienes bajo la presión de una deuda abrumadora y vives de cheque en cheque, no podrás jubilarte antes de tiempo. ¡A menos, por supuesto, que ganes un premio gordo y ganes la lotería!

Las personas están estresadas y eso las obliga a pedir préstamos o a vivir con bajos ingresos. Las personas están perdiendo sus medios de vida, particularmente desde la pandemia y el cambio dramático en la economía global. El empleo de cualquier tipo está en peligro, y las personas se despiertan todas las mañanas con el temor de que puedan ser despedidas ese día.

Tales momentos estresantes pueden empujar a las personas a la depresión y, en raras circunstancias, algunas se vuelven suicidas cuando sus trabajos se ven amenazados y no tienen a dónde ir.

Nadie debería pasar por tales pruebas, y creemos que siempre hay alternativas para superar sus dificultades y comenzar a vivir una vida libre de estrés. Entendemos que la vida nunca puede estar completamente libre de estrés; de lo contrario, ¿por qué se llamaría vivir? Cuando la vida te arroje una bola curva, hazte un favor y devuélvelo a la vida superándola.

Existen numerosas opciones para vivir una vida próspera y libre de deudas. Cuando hayas pagado todos tus pasivos y todas tus tarjetas de crédito, ¡el sentimiento es realmente inolvidable! La felicidad y la satisfacción que proviene de pagar las deudas de uno es incomparable. Tienes el control completo sobre cómo gastas tu dinero. No hay limitaciones sobre cómo gastar tu dinero. Puedes comprar cosas según tus preferencias en lugar de tus etiquetas de precio. ¿Qué podría hacer una persona con todo su dinero si no tuviera deudas que pagar? Te lo dejo a ti para que lo reflexiones.

Todo lo que necesitas es alguien que te guíe a través de los pasos de la planificación financiera y la jubilación. ¿Qué pasaría si te dijéramos que hay consejos simples para mantenerte alejado de tus deudas mientras ganas esos dólares adicionales, que valen la pena construir fortunas en el camino?

Suena intrigante, ¿verdad? Y, ¿realmente te preocupa dónde invertir, ahorrar o ganar tu dinero de manera eficiente? Si ese es el caso, prepárate para aprender siete excelentes consejos sobre cómo recuperar el control de tu vida financiera, mejorar tu vida y abrirte camino hacia la jubilación ideal que siempre quisiste.

¿Quién debería leer este libro?

Este libro hará maravillas en particular para los millennials y los deudores. Más probablemente, las personas que buscan formas de seguir ganando incluso después de haberse jubilado de sus trabajos a largo plazo. Se recomienda encarecidamente a aquellos que buscan una salida a sus deudas y que desean acumular riqueza a lo largo de su viaje por la vida.

Este libro es para personas que buscan planificar su jubilación anticipada. Te llevará a través del proceso de planificación de retiro y proporcionará útiles ideas para oportunidades después de la jubilación también.

¿Porque nosotros?

Preguntarte por qué deberías confiar en el consejo de alguien es natural.

"¿Por qué se supone que debo escuchar a este narrador tratando de dictar mi vida financiera?"

Bueno, por un lado, no somos dictadores, hemos estado allí nosotros mismos y hemos experimentado exactamente lo que tú podrías estar experimentando, y eso nos hace identificables a nosotros y a nuestra experiencia. Este no es solo un libro que habla sobre todo lo que puedes lograr en la vida y termina sin informarte sobre el "cómo" tan importante.

Nosotros, a través de nuestras experiencias, somos una autoridad en lo que hacemos. Es por eso que confiamos en guiarte y enseñarte lo que necesitas saber. Esta es una empresa creada para ayudar a las personas a tomar el control de sus finanzas con un enfoque clave en sacar a las personas de la deuda y ayudarlas a ahorrar más dinero, aumentar sus ingresos y llegar a la posición de jubilación anticipada.

Lo que está por venir son algunas de las lecciones de vida más importantes para aprender que han ayudado a muchas personas a transformar completamente sus vidas para mejor.

No solo somos nosotros los que decimos eso, también tenemos un historial que respalda nuestras afirmaciones. Por lo tanto, sin más preámbulos, es hora de que te sumerjas en este libro y aprendas lo que viniste a aprender aquí en primer lugar.

El Mundo De La Jubilación

ANTES DE JUBILARTE, debes sopesar los factores que influirán en tus planes de jubilación. La jubilación requiere una planificación estratégica y la gestión de tus fondos de tal manera que termines viviendo los días dorados. Debes tener en cuenta que la planificación para la jubilación te costará tiempo y energía, y hay algunos factores a considerar. No estamos tratando de asustarte, simplemente estamos declarando los hechos que necesitan ser entendidos.

Lo primero es lo primero; si tienes una deuda, debes pagarla lo antes posible. Saldar deudas significa recolectar más y más fondos para tu jubilación. Es tan simple como suena, pero hacerlo requiere dedicación y fuerza de voluntad.

Las personas se sienten abrumadas y frustradas con la carga de responsabilidades que cuelgan sobre sus cabezas.

· · ·

Tienden a darse por vencidos rápidamente y, a menudo, se consideran perdidos por acumular tanta deuda. En primer lugar, tener deudas es bastante normal en los Estados Unidos. Vas a tener deudas de una forma u otra en algún momento de tu vida si estás en los Estados Unidos. Ya sean tarjetas de crédito o hipotecas patrimoniales, te involucrará en de alguna manera.

Sin embargo, debes trazar una línea para estas deudas y establecer un límite que no debes cruzar. Claro, las deudas a corto plazo son algo más fáciles de saldar, pero las deudas a largo plazo a menudo lo mantienen atascado y bajo estrés durante mucho tiempo. Antes de acumular ahorros o ganar más, debes asegurarte de no tener ningún tipo de préstamo o deuda sobre tu hombro.

Entonces, ¿cómo empezamos a manejar y pagar las deudas? Esto puede sonar difícil, pero despídete de esa suscripción a tus películas y series en streaming, cancela esa membresía adicional del gimnasio que nunca usas, reduce los costos de transporte, elige comida casera en lugar de comida para llevar (también es saludable), etcétera. Cuanto más reduzcas tus gastos, más empezarás a ahorrar. Con esos pocos dólares adicionales, comienza a pagar más para liquidar tus deudas más rápido. En unos pocos meses, o años, debes haber terminado con tus deudas "¿Así que tengo que esperar unos años para poder empezar?"

· · ·

Bueno, técnicamente, no. No estamos aquí para decirle que esperes y luego comiences. De hecho, empezamos ahora mismo. La primera fase, como habrás adivinado, es planificar tu jubilación, saber cómo será tu jubilación y luego aplicar ingeniería inversa a un plan que puedas seguir.

La planificación es uno de los aspectos más importantes de la jubilación. Es como conducir por una autopista y saber a dónde quieres ir, la ruta que tienes que tomar, etc. Si no sabes esto, nunca sabrás hacia dónde te diriges, o si lo has logrado. A menos que seas consciente de la meta, es bastante desalentador averiguar si estás haciendo lo correcto o no.

Nunca es demasiado pronto para empezar a pensar en la jubilación. Sin embargo, debes responder a las siguientes preguntas antes de decidir dejar tu carrera:

- ¿Cuál va a ser la edad ideal para que tú te jubiles?
- ¿Qué piensas hacer cuando finalmente te jubiles?
- ¿Cuánto tiempo se supone que vivirá después de tu jubilación?
- ¿Cuál será su fuente de ingresos cuando renuncies?
- ¿Cuánto tiempo tendrás que ahorrar hasta tu jubilación?
- ¿Cómo manejarás los riesgos, como la inflación?

Al responder estas preguntas constructivas, establecerás una imagen más clara de tu objetivo final.

Dicho esto, hay muchas, muchas otras cosas a tener en cuenta antes de decidir tirar la toalla y retirarte.

Tu ingreso

¡Oh sí! Eso es lo más importante. Lo que ganas tiene una gran importancia a la hora de decidir qué cantidad específica tendrás que apartar para la jubilación. Gastar menos de lo que ganas es una forma inteligente de mantener tu estilo de vida después de la jubilación. La gente está aterrorizada de comenzar a dividir sus ingresos. Tienen una suposición genérica de que pueden tener que reservar hasta la mitad de sus ganancias para ahorrar.

La verdad es que el porcentaje requerido para ahorrar es sustancialmente más bajo de lo que crees que es. Además, cuanto antes comiences a mantener ese cierto porcentaje de lado, menos tendrás que ahorrar con el tiempo. Una excelente manera de comenzar podría ser usando la regla 50/30/20.

Es tan simple como suena: el 50 % de tus ingresos debe gastarse en gastos y artículos esenciales para sobrevivir; el

30% de tus ingresos debe gastarse en tus necesidades y deseos; el 20% restante se destina al ahorro. Vivir con esta regla podría ahorrarle miles de dólares cada año para jubilarse.

Momento de tu jubilación

Sí, esto también es importante. Decidir cuándo dejar de trabajar y comenzar a relajarse es una parte esencial. Si no sabes cuándo deseas dejar de vivir de por vida y realmente vivir la vida, tiende a ser un desafío.

Es posible que seas una persona de aislamiento y serenidad, por lo que puedes estar deseando jubilarte a los 50 y mudarte a un lugar tranquilo y sereno. Tal vez, tú eres una persona amante de la familia que desea jubilarse a los 40 años para estar allí para tus hijos, y tal vez también para tus nietos.

Eres libre de elegir cuándo llega ese momento, pero lo que estamos señalando aquí es que debes determinar el momento real de la jubilación, ya que este será un factor importante para tus ingresos previos a la jubilación que deberás ahorrar. La mayoría de las personas se vuelven elegibles para los beneficios del seguro social antes de la edad de jubilación.

· · ·

Sin embargo, esos beneficios pueden aumentar con el tiempo si retrasas tu jubilación, y eso es una pequeña compensación que también debes considerar.

Cuanto antes decida jubilarte, más ahorros necesitarás para los ingresos de tu jubilación. Esto también significa que te volverás menos dependiente de la seguridad social, ya que los beneficios serán menores. En definitiva, retrasar tu jubilación te va a reportar más ventajas de las que jamás imaginaste.

Ingreso de jubilación

Una vez que hayas decidido tus ahorros para la jubilación, debes establecer un curso para mantener tu estilo de vida actual en esos años dorados. Debes planificar tus ahorros para proporcionar el 45% de tus ingresos previos a la jubilación.

Ten en cuenta que la cantidad real de ese ingreso previo a la jubilación que debe reemplazarse con ahorros depende de una serie de factores. Estos incluyen tu edad de jubilación y también tu estilo de vida de jubilación previsto. Siempre puedes contratar a un asesor financiero para que trabajes en tu plan.

· · ·

Puedes generar tus ingresos de jubilación de muchas maneras. Puedes hacerlo invirtiendo en cuentas de jubilación o ahorrando una parte de tus ingresos actuales. ¿Qué dicen los números?

Un poco más de la mitad (55%) de los encuestados de la generación Y afirmaron que aún no han comenzado a ahorrar para la jubilación. Un asombroso 64% indicó que ni siquiera consideran jubilarse. El hallazgo más convincente del estudio es que la Generación Y está notablemente despreocupada por jubilarse. De acuerdo con la encuesta, de todas las generaciones no jubiladas, incluidos los Baby Boomers y la Generación X, la Generación Y es la que tiene más probabilidades de no ahorrar. Se les denomina "Generación de la procrastinación".

Está muy marcado el contraste con los Boomers, la mayoría de los cuales son padres de la generación Y que están llegando a la edad de jubilación y desearían haber comenzado a ahorrar antes Aproximadamente la mitad (46 %) indicó que comenzó a ahorrar cuando tenía 35 años o más, pero solo uno de cada diez actualmente piensa que es una edad apropiada para comenzar a ahorrar. La mitad de ellos dice que es mejor comenzar a ahorrar cuando tiene 25 años o menos.

Incluso entre los miembros de la Generación Y que tienen trabajo, la mayoría están empleados como autónomos o contratistas, lo que no implica beneficios y tampoco seguridad laboral. Es difícil considerar retirarse cuando no se sabe lo que sucederá el próximo año. Si adquieres un trabajo con beneficios, es posible que tengas que trabajar durante un año o tener una edad determinada antes de que comiencen a igualar lo que invirtió; sin embargo, existen muchos obstáculos para la generación Y que pueden influir en su elección de ahorrar o pensar en la jubilación.

Aproximadamente las tres cuartas partes (73 %) de la Generación Y encuestados creen que no están ahorrando lo suficiente para la jubilación, en comparación con el 61 % de la población total. La generación Y es la más preocupada por el agotamiento de la seguridad social, y la proporción de la generación Y preocupada por tener que trabajar durante la jubilación para cubrir los gastos de manutención ha aumentado del 27 % al 38 % en sólo dos años.

Construir un nido de ahorros es importante, pero no puedes ahorrar si vives al día.

La administración del dinero después de la jubilación

A pesar de haberse preparado meticulosamente para tus años de jubilación, no puedes dejar tus finanzas personales en piloto automático cuando te jubiles.

Aún tendrás que manejar tus inversiones, gastos e ingresos. Estos pueden requerir pequeños ajustes de vez en cuando, o una renovación completa si sus circunstancias cambian significativamente. En este capítulo, ofreceremos orientación sobre cómo administrar tu dinero cuando te jubiles.

La jubilación podría ser un proceso prolongado y es posible que también debas hacer ajustes en tus objetivos financieros en los próximos años. Cuando tus gastos comienzan a superar tus ingresos, hay varias opciones para compensar la diferencia.

Gestión de Ingresos

Vas a tener muchas fuentes de ingresos cuando te jubiles, si tienes suerte. Esto podría ser una pensión de una empresa anterior o simplemente ingresos generados a través de cuentas de jubilación y otros activos. También pueden ser los pagos de la seguridad social o los cheques de pago de un empleo a tiempo parcial o completo.

Planes 401 k o similares: Se aplican diferentes regulaciones a los planes de contribuciones definidas, como un plan 401(k) o 403(b). Por lo general, los inversores pueden comenzar a recolectar retiros sin multas desde una edad más temprana, como 59 años y medio.

Puede haber varias circunstancias, como discapacidades, que permitan retiros más tempranos.

Pensión: Si tienes una pensión tradicional de beneficios definidos de una empresa o sindicato anterior, puedes determinar cuándo comenzarás a pagar ingresos consultando la Descripción resumida del plan (SPD) o un documento similar, que el administrador del plan está obligado a proporcionarle.

Muchos planes comienzan a pagar a la edad de 65 años, pero algunos te permiten comenzar a recibir beneficios antes. Si aún no lo has decidido, una elección esencial que tendrás que hacer es aceptar tus pagos como una sola suma global o como una serie de cuotas mensuales subsiguientes.

Seguridad Social: Puede ser posible comenzar a recibir beneficios de seguridad social antes de jubilarse. Sin embargo, debes tener al menos 62 años para hacerlo. También puedes jubilarte primero y cobrar tu seguridad social después. En cualquier caso, si te has jubilado y aún no has cobrado la seguridad social, tendrás que decidir cuándo necesitas que comiencen tus pagos.

Otras inversiones: Además de las tres anteriores, también puedes retirar fondos de tus cuentas que no son de jubilación a cualquier edad o momento.

Y ni siquiera tienes que preocuparte por el RMDS. Sería ventajoso para ti programar estos retiros para que coincidan con tus otras fuentes de ingresos.

Ingresos laborales (si estás trabajando): debes tener en cuenta que si planeas trabajar en tu jubilación, puedes tener un efecto en tus beneficios de seguridad social. Si estás ganando más de cierta cantidad antes de llegar a la jubilación completa, por cada $2 que ganes por encima del límite anual, el seguro social reducirá tu ingreso mensual en $1.

Gestión de inversiones

Además de cualquier consideración relacionada con el uso de sus activos para obtener ingresos, debes vigilar cómo se invierte tu dinero y posiblemente hacer varios ajustes necesarios a lo largo del viaje.

A medida que envejecen, los jubilados suelen cambiar a asignaciones de activos más tradicionales y menos riesgosas, enfocándose más en proteger tu dinero que en aumentarlo.

Por ejemplo, una regla general típica propone que las personas resten tu edad de 110 para estimar la cantidad de capital para invertir en acciones.

· · ·

Aplicando ese criterio, un jubilado de 65 años puede tener como objetivo una asignación de activos del 45% en acciones y del 55% en bonos, considerándose este último como menos peligroso. A la edad de 75 años, el jubilado habrá pasado a un 35% de acciones y un 65% de bonos, y así sucesivamente.

Siempre hay otras opciones, como los fondos mutuos y otras inversiones que pueden hacerlo por ti. Sin embargo, si optas por ajustar la asignación de activos por tu cuenta, ten en cuenta las consecuencias de los impuestos.

Administración de gastos

En cualquier caso, si te encuentras en una situación en la que tus ingresos de jubilación no son suficientes y tus gastos son mayores, siempre puedes aumentar uno y disminuir el otro. Los gastos son la parte sobre la que mayormente tendrá control.

Dado que los gastos de vivienda constituyen una parte importante de los presupuestos de la mayoría de las personas, es una buena idea empezar. Por ejemplo, podrías considerar mudarte a un área con un costo de vida más bajo. ¿O qué tal quedarte en tu vecindario actual pero reducir tu tamaño a una casa más pequeña y menos costosa?

· · ·

Sus costos de seguro también se pueden reducir como una opción. Es posible que no necesites planes de seguro si tienes hijos que son independientes. Si posees un par de automóviles pero no necesitas uno, también puedes ahorrar en el seguro del automóvil junto con los costos de reparación y mantenimiento al vender uno.

Presupuesto para las cuatro fases de la jubilación

Ahora bien, los factores físicos cuentan en tu jubilación si quieres una segura y duradera. Si gozas de buena salud y estás preparado económicamente, tu jubilación durará más de lo previsto. Sin embargo, tu jubilación estará pasando por diferentes fases. Tal como se mencionó anteriormente, la fluctuación de ingresos y gastos requerirá de un presupuesto en el tiempo.

Incluso si optas por una jubilación más corta, las fases serán prácticamente las mismas. A los expertos les gusta llamar a estas fases con diferentes nombres o algunas veces numerarlas de manera diferente. Estas fases son:

EDAD PREVIA A LA JUBILACIÓN (50 AÑOS O MENOS)

· · ·

La prejubilación es básicamente el momento en que estás a punto de jubilarte. Es posible que aún estés trabajando pero también acercándote a la jubilación. Finalmente puedes ver una imagen más grande y clara sobre qué y cómo se verán tus gastos, ingresos y ahorros. Junto con eso, también es capaz de averiguar con precisión lo que harás después de la jubilación.

Por lo general, se considera el final de esta etapa a los 62 años, ya que es el momento en que las personas comienzan a calificar para la seguridad social. Mucha gente se jubila alrededor de los 55 años; mientras tanto, otros tienden a trabajar hasta bien entrados los 70 años.

En esta fase, debes averiguar cuál será tu fuente de ingresos, cómo se pagará tu seguro social, cuánto has invertido en cuentas de jubilación y cuánto podrás retirar cada mes de esos balances.

Comienzo de la jubilación (a partir de los 62 años)

Tu vida pasará por grandes cambios y evoluciones en esta fase. Por fin te has vuelto a cansar. Sin embargo, ya no tienes esos cheques de pago fijos en tu cuenta, aparte de cualquier pensión que puedas tener. En esta fase, deberás elaborar una estrategia para tu plan de ingresos y gastos.

· · ·

Además, también puedes comenzar a reclamar tus beneficios de seguridad social a esta edad. Perder el seguro médico patrocinado por tu empleador es una cosa. Por lo tanto, asegúrate de tener una cobertura sólida o un plan de respaldo para ti y tu media naranja o cualquier otra persona que dependa de ti.

La parte interesante de esta fase es que te sentirás tentado a gastar mucho. Teniendo mucho tiempo libre y tal vez habiéndote prometido unas vacaciones exóticas, puedes sentir la tentación de gastar más de lo previsto. Si tú has establecido tu presupuesto y te lo permites, luego ve de viaje y disfruta del mejor momento de tu vida. Sin embargo, ¡ten cuidado de no terminar gastando todos tus ahorros! Una forma de mantener las cosas bajo control, como administrar nuevos gastos y aliviar la pérdida de tus ahorros, es tener más ingresos. Esto implica buscar un empleo a tiempo parcial o incluso ir a trabajos de temporada.

Además, dado que tu empleo ya no te vincula a una determinada zona, este puede ser el momento ideal para trasladarte. Mudarte puede ser una bendición financiera, o un ajuste significativo del cinturón, según el nivel de vida del lugar donde vives actualmente en comparación con el lugar al que deseas ir.

Jubilación Media (70 a 80 años)

. . .

A estas alturas, ya estarás disfrutando de lo que hayas planeado para ti. Esto podría incluir ganancias de tu inversión o beneficios del seguro social. Sin embargo, ten en cuenta que no se debe retrasar ningún incentivo financiero después de esta edad.

Debes comenzar a obtener distribuciones mínimas estándar de varios tipos de fondos de jubilación a la edad de 72 años, incluidos 401 (k), participación en las ganancias, 457 (b), 403 (b), planes Roth 401 (k) e incluso la mayoría de IRAS (pero no Roth IRA). Si no estás en ninguna inversión que ajuste automáticamente tu asignación de activos, como en un fondo de fecha objetivo, ahora es un excelente momento para hacerlo.

También puedes experimentar una reducción en tus gastos en este punto, además de recibir algunos ingresos adicionales. Tal vez desees viajar menos y pasar más tiempo en casa, o tal vez prefieras concentrar tu viaje en visitas menos costosas para ver a tus nietos y tal vez a otros amigos o familiares. Con suerte, tus hijos habrán progresado lo suficiente en tus trabajos que ya no necesitarán tu apoyo financiero.

Además, es posible que ya no necesites un seguro de vida.

Jubilación tardía (80 años o más)

· · ·

Lo más preocupante desde el punto de vista financiero de este tiempo pueden ser tus gastos médicos, ya que esta es la edad del deterioro de la salud. Vas a tener gastos de bolsillo para cosas como deducibles y copagos; sin embargo, es probable que un seguro médico cubra la mayoría de ellos.

Además, tus gastos podrían llegar a ser los mismos que los de la jubilación intermedia. Muchas de las personas mayores consideran mudarse a hogares de ancianos o centros de atención para personas mayores, pero la elección depende totalmente de ti.

Es posible que desees reevaluar tus recursos de jubilación en este momento para determinar si son suficientes para llevarlo a cabo. A menos que tengas poco dinero en efectivo pero aún vivas en tu casa, tendrás la opción de explorar una hipoteca inversa como medio de financiación. Al considerar cuánto te queda, considera cómo te gustaría vivir tus días y lo que deseas dejar a los demás, incluidas las intenciones caritativas.

¿Debes retirarte dentro de los Estados Unidos o en otro lugar?

Seamos honestos. Hay muchos de nosotros que podemos haber pensado un poco en esto, y está perfectamente bien si lo hiciste.

Surgen innumerables problemas cuando se trata de la planificación de la jubilación: ¿Cuándo debo jubilarme? ¿Cuánto dinero debo apartar? ¿Seguiré trabajando y/o siendo voluntario? ¿Qué debo hacer para mantenerme ocupado? Un elemento que determina cómo responde a estos problemas es si planeas jubilarte en los Estados Unidos o en el extranjero.

Si bien la mayoría de los estadounidenses eligen pasar su jubilación en los Estados Unidos, un número cada vez mayor de personas decide jubilarse en el extranjero. Para darle algunas ideas, hablemos de las ventajas y los desafíos que una persona puede enfrentar al decidir dónde jubilarse.

Retirarse en los EE. UU.

Una gran mayoría de los jubilados optan por permanecer en sus residencias actuales o trasladarse dentro del estado.

La familia es un motivador clave para que muchas personas vivan en su ubicación actual, especialmente si hay nietos en la foto. Bueno, la decisión depende completamente de ti, pero podemos enumerar algunos pros y contras para que los consideres:

Ventajas:

- Las relaciones profesionales ya están formadas. Estas podrían ayudarte a encontrar un trabajo de tiempo parcial o de tiempo completo menos exigente una vez que te jubiles.
- Las redes sociales ya están desarrolladas. Podrías mantenerte comprometido física e intelectualmente sin tener que hacer nuevas amistades.
- Tienes una familia. Se vuelve mucho más fácil cuando tienes lazos de sangre a tu alrededor.
- Tienes apoyo. No estas rodeado por extraños en absoluto, conoces a todos alrededor tuyo.
- Proveedores en los que puedes confiar. Tu serás capaz de continuar viendo a tus médicos regulares y hospitales, así como peluqueros/peluqueros y mecánicos de vehículos.
- Tienes comodidad y estabilidad. Cualquier cosa, desde el transporte hasta el tipo de champú que se ofrece en tu supermercado local, tiene cierta confiabilidad.
- Tienes tu zona de confort. Puedes estar contento con tu "cierta" rutina.

Contras:

Misma rutina. Aunque algunos pueden considerar esto como una ventaja, tener siempre la misma rutina puede limitar tu capacidad para disfrutar y tener nuevas experiencias.

Es caro. Vivir en los Estados Unidos implica un costo de vida mucho más alto que en otros países.

Los costos de vida asistida son bastante altos. Es posible que no lo necesites, aunque según la Encuesta de costos de atención de Genworth, el gasto promedio de las instalaciones comunitarias y de vida asistida en los Estados Unidos es de $4,300 por mes. Los costos de la atención médica están aumentando.

Aunque la calidad del servicio es buena, el costo de la atención médica es alto. Según estimaciones, una pareja saludable de 65 años que se jubile en los Estados Unidos en 2019 requerirá $606,337 en costos de atención médica.

Jubilarte en el Extranjero

Mudarte fuera del país obviamente es emocionante; sin embargo, el nivel de emoción varía según su ubicación. Puedes seleccionar una ubicación que cumpla con tu nivel de satisfacción en términos de comodidades contemporáneas, accesibilidad, clima, pasatiempos, cocina, atención médica, social y tradiciones, que van desde tranquilas playas en Vietnam hasta ciudades de moda en América del Sur.

. . .

Pero aquí está la cosa. Tienes la oportunidad de disfrutar de nuevas experiencias y aprender nuevas oportunidades que pueden traer un nivel de satisfacción para ti que aún no has experimentado. Repasemos también los pros y los contras de jubilarse en el extranjero:

Ventajas:

- Lograr tus ambiciones. Podrías cumplir tus deseos de explorar, aprender un diferente deporte o dedicarte a un pasatiempo.
- Nuevos encuentros. Nuevas experiencias, según los expertos, están ligadas al buen envejecimiento porque otorgan ventajas físicas, intelectuales y sociales.
- Médico a un costo razonable. La salud pública puede encontrar proveedores de salud que brinden atención adecuada a un precio asequible. Muchas naciones ofrecen seguros privados a un costo menor que las pólizas equivalentes en los Estados Unidos. Algunos servicios médicos convencionales no cubren los costos de atención médica fuera de los Estados Unidos, mientras que algunos otros si los cubren.
- Incentivos de un jubilado. Muchas naciones brindan incentivos a los jubilados, como el plan Pensionado de Panamá, que brinda descuentos en todo, desde comidas y bebidas hasta películas para personas mayores que cumplen con un ingreso mínimo modesto de requisitos.

- Costo de vida razonable. Jubilarte en el extranjero puede ayudarte a vivir a un costo de vida mucho más razonable que el de los EE. UU. Esto será realmente útil si tienes un presupuesto limitado.
- Clima diferente. Podrías disfrutar de un clima completamente diferente y experimentar estaciones como nunca antes.

Contras:

- Lejos de casa. Aunque tu tienes muchas instalaciones, todavía está lejos de casa y es posible que la eches de menos de vez en cuando.
- Visas que pueden ser de larga estancia. Ciertas naciones dan la bienvenida a los jubilados internacionales y brindan un camino sencillo para quedarse, mientras que otras no brindan ninguna opción de visa de jubilación.
- Impuestos multiplicados por dos. Estados Unidos grava las ganancias de sus residentes independientemente de donde residen. Tendrías que pagar impuestos sobre tus ganancias tanto en los Estados Unidos como en el extranjero, según el lugar donde elija jubilarse. Aunque la mayoría de las naciones no imponen impuestos dobles a los jubilados, es posible que deba presentar declaraciones con ambos.
- Diferencias entre lengua y cultura. ¿Te fascina aprender otro idioma y experimentar una cultura diferente? Podría ser un gran no de tu parte.

- No demasiado estable. No todos los países tienen la misma estabilidad económica que en Estados Unidos.
- Cada día trae nuevos problemas. Es posible que las comodidades, los servicios y las comodidades a las que estás acostumbrado no estén fácilmente disponibles.
- La diferencia entre vacacionar y vivir. Tu pedacito de cielo puede ser hermoso para explorar, pero no tan atractivo para vivir para siempre.
- Apoyo social. Si alguna vez algo sale mal, es posible que te encuentres entre extraños.

Muchos jubilados nunca contemplarían ir al extranjero, mientras que otros están seguros de que es su sueño. Si ese es el caso, comienza a prepararte con anticipación, ya que preparar el papeleo y la logística puede llevar meses, años o incluso más tiempo.

Si tu eres un jubilado o alguien que está cerca de jubilarse e indeciso, debes hacer un autoexamen para encontrar tu verdadera alma. Tal vez un viaje al extranjero (posiblemente varios) podría ser bueno para probar las aguas antes de tomar cualquier gran decisión.

Países a considerar para la jubilación

· · ·

Una reubicación en el extranjero podría ser el boleto si deseas aumentar aún más tus ahorros para la jubilación. La vida en un país diferente te permite explorar más del mundo y al mismo tiempo reducir tus gastos de manutención. Pero, ¿qué otras naciones son las mejores para los jubilados?

Anualmente, el Índice de Jubilación Global Anual de International Living clasifica las mejores naciones para los jubilados, y la lista de los diez primeros para 2021 incluye cinco países de habla hispana en América Central y del Sur. Si estás pensando en jubilarte en otro país, estudiar español puede ser una buena idea.

International Living emplea una metodología de calificación que considera muchas características para decidir qué naciones son las mejores para los jubilados, que incluyen:

1. Costo de alquiler.
2. Gastos de manutención.
3. Situación política y estabilidad del país.
4. La facilidad de comprar y mantener bienes inmuebles, así como el valor de la propiedad e inversiones.
5. Instalaciones y apoyo para cosas tales como médico y entretenimiento.
6. Requisitos de la visa junto con la residencia.
7. Adaptación social y lo difícil que es adaptarse a la multitud.
8. Edificaciones e infraestructura.
9. Salubridad.
10. Clima.

11. Amenidades y entretenimiento.

Los siguientes son los cinco países principales que tienen el puntaje promedio acumulado más alto en todos esos factores:

Costa Rica

Si aprecias un estilo de vida activo y saludable, Costa Rica será una excelente opción. Logró altos resultados en las áreas médica, de infraestructura y gubernamental, aunque hay mucho que ver y hacer. El bajo costo de vida de Costa Rica lo hace accesible hasta para los más modestos de presupuesto de balance.

Panamá

Panamá ofrece a los jubilados lo mejor de ambos mundos, con impresionantes montañas y animadas playas. Los lugareños son conocidos por ser amables y educados, y el costo de vida es bastante bajo. Casi todo es más barato en comparación con los Estados Unidos, incluidos los restaurantes, el alquiler y las tiendas de comestibles.

México

México combina las comodidades contemporáneas con un ambiente campestre, lo que lo hace ideal para los jubilados que desean una temperatura cálida y cercanía a los Estados Unidos.

En la lista de International Living, recibió la mayor puntuación incluyendo tanto las instalaciones como el entretenimiento, así como la sencillez de adquirir una residencia.

Colombia

Ya sea que disfrutes de las montañas, la playa o incluso explorar la selva tropical, Colombia lo tiene todo. Hay muchos vuelos sin escalas entre Florida y casi cualquier gran ciudad colombiana, que es una combinación genial de colonial y urbano. Las visas de jubilación son fáciles de obtener si puedes proporcionar evidencia de dinero para la jubilación; sin embargo, deben actualizarse cada tres años.

Portugal

Portugal se encuentra entre los tres países europeos representados entre los diez primeros. La gente se siente atraída por este lugar junto al mar en Europa debido al costo de vida obviamente económico y la gran cantidad de instalaciones, además del hermoso paisaje.

La mejor parte es que el inglés se enseña en las escuelas, lo que facilita que los estadounidenses conversen con los lugareños.

. . .

Parece que hay innumerables islas para explorar, además de que la variada y económica selección de restaurantes lo convierte en un paraíso para los amantes de la comida.

Portugal recibió las mejores calificaciones en costo de vida, vivienda, clima y atención médica.

2

Planificación Para La Jubilación

En el capítulo anterior, discutimos cómo la generación actual está descuidando y, más precisamente, ignorando la importancia de planificar para la jubilación, aunque esta es sin duda una prioridad crucial a considerar. Tu trabajo ha terminado, tu carrera ha llegado a su fin y no tienes ningún propósito en la vida. ¿Ahora qué? La respuesta a esta misma pregunta es el concepto y la realidad de la jubilación.

Lo bueno es que posees el poder de hacer que tu jubilación valga la pena. Y eso empieza ahora. La planificación de tu jubilación es un procedimiento de varios pasos que evolucionará con el tiempo. Tendrás que crear un colchón financiero para disfrutar de la comodidad, la diversión y la seguridad de la jubilación.

Determinar horizontes temporales, predecir gastos, calcular los rendimientos después de impuestos necesarios, medir el perfil de riesgo y completar la planificación patrimonial son todos aspectos importantes de la planificación para la jubilación. Para aprovechar el poder de la capitalización, haga los preparativos para la jubilación lo antes posible.

Los inversores jóvenes pueden permitirse asumir mayores riesgos en las inversiones, mientras que los que se acercan a la jubilación deben ser más cautelosos. Las carteras deben reequilibrarse y los planes patrimoniales deben revisarse como apropiado cuando los planes de jubilación cambian con el tiempo.

Conoce tu horizonte de tiempo

La base principal de una estrategia de jubilación exitosa se basa en tu edad actual y la edad de jubilación prevista. Cuanto más tiempo tengas entre ahora y la jubilación, más riesgo puede soportar tu cartera. Los inversores jóvenes que tienen más de 30 años para jubilarse deben tener la mayor parte de sus activos en inversiones de riesgo (como acciones).

Las acciones tradicionalmente han superado a otros productos, como los bonos, durante largos períodos de tiempo, a pesar de que habrá fluctuaciones. La palabra clave aquí parece ser "largo", lo que significa al menos diez años.

· · ·

Para mantener el equilibrio en tu poder adquisitivo, debes tener rendimientos que superen la inflación. El crecimiento compuesto del dinero es algo de lo que todos hemos oído hablar y es algo que todos queremos. La inflación, por otro lado, es una forma de 'anticrecimiento compuesto', ya que disminuye el valor de tu dinero.

Durante 24 años, una tasa de inflación baja del 3 % destruirá el valor de tus inversiones en un 50 % (Pinkasovitch, 2020). Puede que no parezca mucho por año, pero con el tiempo, se suma a una cantidad significativa.

Puede ser difícil creer que una pequeña cantidad de dinero ahorrada ahora importará considerablemente a los veinte años; sin embargo, la capitalización podría convertir ese dinero en una cantidad mucho mayor para el momento en que necesites usarlo.

En términos generales, a medida que envejeces, tu cartera debe preocuparse más por los ingresos y la seguridad del capital. Esto implica poner más dinero en activos como bonos, lo que no va a brindarte los mismos rendimientos que los de las acciones, pero sería menos riesgoso y te brindaría ingresos adicionales con los que puedes sobrevivir.

También estarías algo menos preocupado por la inflación.

· · ·

Dividir tu planificación de jubilación en varios elementos resultará ventajoso para ti. Supongamos que un padre desea jubilarse en un par de años. Desean pagar la educación de sus hijos a la edad de 18 años y además desean mudarse a Florida. En cuanto a la perspectiva de la planificación de la jubilación, su estrategia se dividiría en tres partes:

1. Dos años hasta la jubilación (todavía se deben realizar aportes).

2. Ahorrar y pagar la universidad.

3. Reubicarse en Florida (retiros frecuentes para cubrir los gastos de manutención).

Para identificar el mejor enfoque de asignación, un plan de jubilación de varias etapas debe tener en cuenta diversos horizontes temporales, así como las demandas de liquidez relacionadas. Tus inversiones también deben reequilibrarse a lo largo de los períodos a medida que cambia tu horizonte temporal.

Calcula cuánto dinero necesitarás

Predecir de manera realista los hábitos de gastos posteriores a la jubilación te permitirá calcular un tamaño preciso y satisfactorio para una cartera de jubilación. La mayoría de la gente cree que sus gastos podrían reducirse entre un 70% y un 80% después de jubilarse, lo cual es muy poco realista.

. . .

Tales casos se prueban defectuosos cuando aparecen gastos médicos inesperados o las hipotecas no se han pagado en su totalidad.

Creo que la proporción debería estar más cerca del 100 % para que los jubilados tengan suficientes fondos para la jubilación", dice el fundador, presidente y director ejecutivo de Key Ialth Partners. Cada año, el costo de la vida aumenta, particularmente los costos de atención médica. Las personas viven más y quieren aprovechar al máximo sus años de jubilación. Los jubilados requerirán mayores ingresos por un período de tiempo más largo; por lo tanto, deben ahorrar e invertir adecuadamente.

Debido a que ya no se requiere que los jubilados trabajen ocho horas o más todos los días, tienen más tiempo libre para hacer turismo, comprar, viajar y participar en otros pasatiempos costosos. Más gastos en el futuro requieren ahorros adicionales hoy; por lo tanto, las expectativas precisas de gastos de jubilación contribuyen al proceso de planificación.

Es fundamental tener una estimación precisa de tus costos de jubilación, ya que determinará la frecuencia con la que retirarás fondos anualmente y la forma en que depositarás fondos en tu cuenta. Puedes sobrevivir rápidamente a su cartera si subestimas tus gastos, y si exagera tus gastos, corres el riesgo de no poder disfrutar del estilo de vida de jubilación que elijas.

Además, si planeas comprar una casa o financiar la educación de tu hijo después de la jubilación, es posible que necesites más dinero del que prevés. Estos gastos deben ser considerados en la estrategia integral de retiro. Ten en cuenta que debes revisar tu plan de vez en cuando para asegurar que estás en línea con tus ahorros.

Calcula la tasa de rendimiento después de impuestos en inversiones

Una vez que hayas determinado los horizontes de tiempo proyectados y las obligaciones de gasto, debes calcular la tasa de rendimiento real después de impuestos para evaluar la capacidad de la cartera para proporcionar las ganancias requeridas. Incluso para la inversión a largo plazo, una tasa de rendimiento requerida de más del diez por ciento (antes de impuestos) por lo general no es razonable. Debido a que las carteras de jubilación de bajo riesgo generalmente consisten en activos de renta fija de bajo rendimiento, este criterio de rendimiento disminuye a medida que envejece.

Los rendimientos de las inversiones generalmente se gravan según el tipo de plan de jubilación que tengas. Como resultado, la tasa de rendimiento real debe calcularse después de impuestos. Por otro lado, evaluar tu posición fiscal una vez que comiences a retirar efectivo es una parte importante del proceso de planificación de la jubilación.

Examina tu tolerancia al riesgo en relación con tus objetivos de inversión

Una asignación de cartera correcta que equilibre las preocupaciones de la aversión al riesgo más los objetivos de rendimiento es probablemente la etapa más crucial en la planificación de la jubilación; ya seas tu o un asesor financiero calificado debe tener el control de las selecciones de inversión. ¿Cuánto riesgo estás dispuesto a aceptar para lograr tus objetivos? ¿Debería invertirse una parte de tus ganancias en bonos del tesoro libres de riesgo para cubrir los gastos necesarios?

Debes estar satisfecho con los riesgos que estás dispuesto a asumir por tu cartera y comprender la diferencia entre necesidades y lujos. También debes discutir esto con tu familia junto con el asesor financiero, ya que esta es una parte crucial para todos.

Cuando los numerosos fondos mutuos de tu cartera tengan un año difícil, intenta agregarles dinero extra. Eso es como la paternidad: el niño que requiere tu afecto con mayor frecuencia es el que menos lo merece. Los portafolios tienen mucho en común con la crianza de los hijos. No vendas el fondo mutuo con el que estás molesto este año porque puede ser el de mejor desempeño el próximo año.

Un ojo sobre la planificación patrimonial

Otro elemento importante en un plan de jubilación bien preparado es la planificación patrimonial, pero cada aspecto requiere las habilidades de varios expertos en esa disciplina, como abogados y contadores. De hecho, el seguro de vida es un componente crucial de la planificación de la jubilación patrimonial y de un plan patrimonial.

Desarrollar un plan patrimonial integral y una cobertura de seguro de vida garantiza que sus activos se transfieran de acuerdo con tus preferencias y que los miembros de tu familia no se vean en desventaja económica cuando fallezcas. Un plan bien pensado también puede ayudarte a evitar procedimientos judiciales costosos y que consumen mucho tiempo.

Otro aspecto importante de la preparación del patrimonio es la planificación fiscal. Si una persona termina dejando una propiedad a la familia o a una organización benéfica, las consecuencias impositivas de la donación o la transferencia de la propiedad a través de los procedimientos de sucesión aún deben evaluarse.

. . .

El objetivo de la estrategia de inversión de un plan de jubilación popular consiste en proporcionar rendimientos que cubran los gastos de estilo de vida ajustados por inflación anual y, al mismo tiempo, mantener el valor de la cartera. La cartera pasa posteriormente a los herederos del difunto. Para identificar la mejor solución para la persona, debes hablar con un asesor fiscal.

Lograr un equilibrio entre las expectativas de rendimiento realistas y el nivel de vida deseado es una de las partes más desafiantes al desarrollar un plan de jubilación integral. Lo mejor que puedes hacer es comenzar una cartera flexible que pueda evolucionar y actualizarse con los tiempos cambiantes.

Jubilación anticipada

La jubilación anticipada generalmente significa la salida del trabajo de una persona antes de los 65 años o más. Esta edad también implica que los estadounidenses ahora son completamente elegibles para un seguro médico. Por supuesto, cuando estás intentando algo fuera de lo común, también requiere un esfuerzo extraordinario. Retirarte temprano es algo así. No todo el mundo desea jubilarse y relajarse, pero a los que sí lo hacen les apasiona.

. . .

Los apasionados son sólo unos pocos. Sin embargo, algunas personas desafortunadas se ven obligadas a retirarse debido a circunstancias inciertas y desafortunadas.

Por ejemplo, se encuentran con accidentes devastadores que pueden inhabilitar sus cuerpos para trabajar. Se ven obligados a jubilarse en tal estado porque, ¿qué pueden hacer al final casi nada, verdad?

Le recomiendo que sea lo suficientemente inteligente como para estar bien preparado para su jubilación si por casualidad se encuentra con tales circunstancias. Los problemas de jubilación anticipada pueden superarse reduciendo los gastos, planificando tu dinero y tomando decisiones financieras sabias, independientemente de tu posición.

¿Es posible jubilarse anticipadamente?

A muchos ciudadanos estadounidenses les resulta desalentador jubilarse antes de tiempo. Sin embargo, hacerlo requiere una planificación minuciosa y movimientos estratégicos para garantizar la estabilidad financiera en todo momento.

Los empleados del servicio civil o miembros de las fuerzas armadas son los habituales para jubilarse anticipadamente.

. . .

A menudo han estado sujetos a la jubilación con pensiones completas e instalaciones médicas incluso antes de los 65 años.

Es probable que aquellas personas que trabajan en industrias con mayores ingresos y obtienen ingresos considerables ahorren más al principio de sus carreras.

Pero, ¿cómo me jubilo anticipadamente?

Así que digamos que es algo muy fácil... en realidad no. La jubilación anticipada exige sacrificios extraordinarios. Sin embargo, para empezar, debes establecer metas realistas para tu jubilación. Una vez más, verte en Miami Beach con una propiedad lujosa y un BMW reluciente no es más que un deseo difícil de alcanzar.

Si planeas jubilarte a una edad temprana, debes mantener flujos de ingresos pasivos, como ganar cargos por servicios a través de consultoría independiente o inversiones rentables.

Vas a tener que restringir los gastos si te vas a jubilar antes de los 65 años.

. . .

Si realmente quieres jubilarte pero no quieres dejar de trabajar, puedes optar por la semijubilación. Este es un concepto de hacer negocios empresariales en lugar de un trabajo de nueve a cinco. Todavía trabaja y genera ingresos, pero no trabajando en un entorno tradicional. Suena genial, ¿verdad?

Para la siguiente parte, debes planificar un presupuesto anual. Mira, viajar alrededor del mundo te costará mucho y requerirás vivir con un presupuesto ajustado o incluso un estilo de vida frugal. Puedes comenzar evaluando tus gastos actuales. Para tener el plan de presupuesto más razonable, revisa al menos un año de tus estados de cuenta y los detalles de tu tarjeta de crédito. Clasifica todas y cada una de las compras y ten en cuenta cuáles son innecesarias. Córtalos como si fueran tu peor pesadilla.

Con estos pequeños consejos y trucos, puede terminar ahorrando lo suficiente para jubilarse antes de lo habitual. Disfrutar de la vida con estabilidad financiera y una jubilación cómoda se sentirá como en el cielo.

Estilo de vida de jubilación

La jubilación no se trata solo de estabilidad financiera. Tu estilo de vida juega un papel importante en la planificación de tu jubilación. Tienes que pensar en cómo deseas vivir como jubilado con respecto a tus fondos de jubilación. En tu vejez, ¿qué tipo de estilo de vida te iría mejor? ¿Qué quieres lograr cuando te retires? ¿Quieres seguir a la multitud o quieres forjar tu propio camino? ¿Quieres relajarte o quieres estar lo más ocupado posible? Tus planes de jubilación deben apuntar a brindar estabilidad financiera, así como bienestar emocional y físico.

Puedes, por ejemplo, pasar tiempo con los nietos y simplemente disfrutar de ser abuelo si te conviene. Si deseas comenzar un nuevo trabajo, tal vez consultar o vender tus artesanías podría ser una buena opción. Alternativamente, puedes simplemente divertirte jugando al tenis o poniendo una hamaca en primera línea de playa.

A veces, a los jubilados les gusta correr en la pista, hacer jardinería o trabajar en proyectos de mejoras para el hogar.

Siempre existe la alternativa de viajar. Otros pueden encontrar que ser voluntario o regresar a la escuela es muy gratificante.

Lo más importante es que debes asegurarte de que tu salud esté a la altura y sea bastante estable. Los expertos sugieren mantenerse activo y dejar de fumar además de beber si deseas una vida más larga y saludable.

· · ·

Los investigadores dieron seguimiento a 4497 personas 22,6 años después de que respondieran una encuesta de salud basada en la población, y sus hallazgos se publicaron en línea en julio de 2019. En el momento del estudio (2006-2008), la edad promedio de los encuestados era 52,7 años.

Los siguientes factores de estilo de vida de eficaz envejecimiento fueron descubiertos por los investigadores:

- Actividad Física
- Alcohol
- Obesidad
- Fumar
- Apoyo social

Según estudios de la Facultad de Medicina de la Universidad de Exeter en el Reino Unido, mantener un estilo de vida saludable reduce el riesgo de demencia entre las personas mayores cognitivamente sanas.

Estilos de vida inusuales

Tal vez no te guste jugar golf o pasar tiempo con tus nietos.

al vez prefieras vivir un estilo de vida de jubilación poco ortodoxo. Es posible que desees pasar el resto de tu vida a bordo de un crucero. No serás el primer ciudadano mayor que elige vivir en un velero.

Tal vez siempre te hayas sentido atraído por el panorama más amplio. Puedes adquirir una licencia de camionero y salir de la ciudad, ganando dinero mientras recorres el país.

Ya existen comunidades de retiro únicas para personas que tienen intereses comunes, como la astronomía o formas de arte. Las personas que viajan por agua o por avión también pueden encontrar comunidades de personas con ideas afines.

Planificación patrimonial

Tu patrimonio se compone de todo lo que posees, como tu propiedad, cuentas bancarias, colección de sellos, colecciones de discos de vinilo, arte o vehículos. Para asegurarte de tener un papel en cómo se asigna tu fortuna, la planificación patrimonial es vital. Esto puede parecer difícil o desafiante al principio, pero un pequeño esfuerzo hoy puede brindar un gran beneficio a los miembros de tu familia más adelante y potencialmente les ahorrará mucho dinero.

Por el contrario, si postergas la implementación de tu plan patrimonial, es posible que te encuentres en una situación en la que no puedas hacer cumplir los trámites debido a una enfermedad o fatalidad. Comienza a planificar ahora desde esta detallada guía de planificación patrimonial paso a paso.

1. Haz una lista de tus activos de esta manera reconoces su valor neto.

2. Busca asistencia profesional para asegurarte de que todo se haga legalmente.

3. Preparar un testamento y nominar beneficiarios para que tu patrimonio quede asegurado dentro de una familia.

4. Buscar establecer un fideicomiso en vida para eliminar la necesidad de sucesión.

5. Compilar registros para cuentas de jubilación como cuentas IRA y 401(k), y verifica las preferencias de los beneficiarios.

6. Compilar declaraciones de anualidades.

7. Verificar que se tengan en cuenta casi todos los intereses de la empresa y que se comprenda la estructura de propiedad.

8. Haz una lista de los muebles, literatura, reliquias familiares, joyas valiosas u otros elementos.

Cuando hayas completado tu inventario, tendrás que hacerte una pregunta crucial. ¿Qué artículos y posesiones desearás conservar o transmitir a otros cuando fallezca?

Evalúa lo que posees por tu cuenta y con tu pareja. Después de eso, has una lista de los destinatarios previstos o de las personas que adquirirán estos activos.

. . .

Tendrás que evaluar el valor de los activos tangibles e intangibles; por lo tanto, una tasación reciente de la propiedad de tu casa, así como otros bienes, será útil. En otras circunstancias, sin embargo, no se requiere una cifra precisa, y será suficiente una estimación de "mejor suposición".

Opciones para tus cuentas de jubilación

Más de una docena de diversos tipos de programas de ahorro para la jubilación están regulados por el Servicio de Rentas Internas. Cualquiera de estas opciones podría ser beneficiosa para ti, según tu situación y elegibilidad. O bien, puedes invertir en una anualidad para garantizar un flujo constante de ingresos durante la jubilación.

Hablemos de los más comunes aquí para ayudarte a encontrar lo que es mejor para ti:

Cuenta 401(k)

Los empleados pueden aportar un porcentaje de sus ingresos a una cuenta de ahorros para la jubilación a través de los planes 401(k) que ofrecen muchas empresas. Varias empresas incluso igualarán una fracción de sus contribuciones.

. . .

Las contribuciones a un 401(k) son elegibles para la deducción de impuestos y el dinero invertido en la cuenta puede acumularse con impuestos diferidos. Los retiros están gravados, por otro lado.

La contribución máxima para los planes 401(k) es de $19,500 a partir de 2021. Tu puedes contribuir potencialmente $6,500 en contribuciones de actualización 401(k) si tienes 50 años o más, lo que hace que tus contribuciones totales al 401(k) sean de $25,500.

En el contexto de los ahorros para la jubilación, los planes 401(k) tienen una serie de beneficios y peligros. Aprender los beneficios y las desventajas de varios planes de jubilación te ayudará a tomar decisiones financieras mientras planificar tu jubilación.

Si miras el lado positivo, tendrás el privilegio de contar con protección federal en virtud de la Ley de Seguridad de Ingresos de Jubilación de Empleados de ERISA. Según esa ley, el dinero de tu plan de jubilación estará protegido por las normas establecidas para los empleadores.

Sin embargo, los desafíos que enfrentas pueden incluir inversiones limitadas, cargos de cuenta y sanciones. Es crucial buscar el consejo de un asesor financiero que tenga experiencia en su situación específica mientras evalúa los beneficios y las desventajas. Ampliar tus carteras de inversión y utilizar varias fuentes de ingresos para la jubilación, como las anualidades, puede ayudarte a optimizar tus ahorros.

Cuenta de Retiro Individual (IRA)

IRAS es un método conveniente que puede ahorrar dinero.

Puedes abrir una cuenta para retirar dinero del fondo de ahorro de manera rutinaria y transferirlo a tu cuenta IRA.

IRAS a veces ofrece beneficios fiscales. Cada vez que registres la IRA, obtendrás un par de opciones: una IRA estándar o tal vez una IRA Roth. Cualquiera que sea la elección que tomes, determinará cómo se gravan tus pagos y retiros.

Los depósitos a la cuenta IRA típica, por ejemplo, son deducibles de impuestos. Las contribuciones a una cuenta IRA Roth no son deducibles de impuestos. Una IRA te permite contribuir hasta $6,000 cada año. El máximo es de $7,000 por año si tienes 50 años o más. Estas restricciones se aplican a todas tus cuentas IRA convencionales y Roth juntas. Las contribuciones transferidas de algunas otras cuentas de jubilación no están sujetas a las limitaciones.

No se te permitía hacer depósitos en una **IRA** convencional después de los 70 años y medio hasta que la legislación cambió en 2020.

Y se le exigió que comenzará con el dibujo, denominado como distribuciones mínimas obligatorias, a esa edad.

No obstante, a partir de 2021, puedes contribuir a tu **IRA** en cualquier momento o edad. La nueva regulación retrasa el inicio de los pagos mínimos obligatorios hasta los 72 años.

Esto solo se refiere a aquellas personas que cumplan 70 años y medio después del año 2019. Quienes cumplan esa edad en 2019 o anterior deben adherirse a los estándares anteriores.

Si todavía estás empleado a los 72 años y no posees más del 5% de la empresa para la que trabajas, entonces es elegible para diferir el retiro de RMDS del plan de tu empleador a menos que te jubiles, de acuerdo con la nueva regulación.

Roth IRAS

. . .

Las contribuciones a una cuenta IRA Roth no son deducibles de impuestos. La ventaja parece ser que los retiros quedan libres de impuestos a partir de entonces.

También puedes contribuir a una cuenta IRA Roth cuando tengas más de 70 años y medio.

Asimismo, los retiros de una cuenta Roth no son obligatorios a ninguna edad determinada.

Si los retiros de fondos Roth se consideran distribuciones calificadas, no están sujetos a impuestos. De hecho, el retiro debe tener lugar dentro de los cinco años posteriores a la apertura de la cuenta y al primer depósito para que se considere una distribución calificada.

Sin embargo, debes cumplir con las siguientes condiciones para ser considerado elegible:

- Debes tener al menos 59 años y medio de edad.
- Debes estar deshabilitado.
- Debes ser beneficiario de un propietario Roth que ya no este vivo.
- Después de tu muerte, un beneficiario de tu patrimonio hace el retiro.
- Tu, tu cónyuge o los hijos, padres, nietos o cualquier otro antepasado de tu pareja

recibieron hasta $10,000 para construir, comprar o reparar la primera casa.

Puede estar sujeto a una sanción fiscal del 10 % por retiros anticipados si el dinero no se considera una distribución calificada. Mientras te acercas a la jubilación, también puedes querer explorar convertir tu IRA o 401(k) en una anualidad para que tus ingresos de jubilación sean impulsados por ahorros convertidos.

Anualidades

Cada vez que se jubila, una anualidad de jubilación le permite tener una fuente de ingresos que durará toda su vida. Una anualidad de ingresos, o anualidad anualizada, protege de ciertos riesgos de longevidad, riesgos de jubilación o la amenaza de sobrevivir a sus fondos. Proporcionan las ventajas fiscales exactas al igual que otros planes de jubilación en el sentido de que acumulan impuestos diferidos hasta que se retiran las inversiones.

Los programas 401(k) podrían incluir actualmente anualidades en sus programas. Sin embargo, solo unas pocas firmas lo hacen debido a dificultades legales con las compañías de seguros que ofrecen rentas vitalicias. Las empresas que aceptan las rentas vitalicias de concepto como parte de sus programas estarán protegidas por la legislación.

Diferencia entre 401(k)s e IRA

. . .

Algunas personas están aterrorizadas o perplejas ante la perspectiva de invertir. Estas parecen ser una plétora de consultas, como "¿Elijo un 401k o un IRA?" o "¿En qué productos de inversión podría depositar?" Dejando esto atrás por un momento, la clave es crear el hábito de ahorrar dinero, aunque sea una pequeña cantidad, para fines de jubilación. Luego pon esos ahorros en acciones o bonos.

Lo que en última instancia significa que ni siquiera configures una IRA con efectivo en CD. Analicemos las diferencias entre 401ks e IRAS ahora que esto ha sido explicado.

- 401(k) es una cuenta patrocinada por el empleador mientras que IRA es para fines individuales.
- El límite de contribución anual del 401(k) es $19,000 mientras que IRA implica un límite de $5,500 solamente.
- 401(k) no tiene límites de ingresos mientras que IRA implica límites.
- Las opciones de inversión 401(k) están limitadas por el plan, pero IRA no aplica ningún límite para las opciones de inversión.
- El 401(k) rara vez se puede cobrar sin penalización, mientras que el IRA a veces se puede cobrar sin penalización.

La decisión de cada persona de invertir en un 401(k) o una IRA es única y está influenciada por una variedad de factores. Los 401(k) son, de hecho, la forma más sencilla de ahorrar lo suficiente para la jubilación para las personas que reúnen los requisitos. Las opciones de inversión limitadas pueden ser beneficiosas, ya que agilizan las selecciones de inversión y los fondos se deducen automáticamente de su cheque de pago.

Varias empresas igualarán una parte o la mayor parte de tus inversiones 401(k) hasta una cantidad específica. Debes contribuir a un plan 401(k) si tu trabajo proporciona uno y está calificado. Eres un despilfarrando dinero gratis si te brindan un plan con aportes equivalentes y no lo aprovechas.

Suponiendo que no tengas acceso a un 401(k), o si el tuyo se ha excedido y todavía tienes que ahorrar para la jubilación, una IRA es una buena opción. Si estás interesado, también hay una serie de fondos socialmente responsables y centrados en la tecnología para elegir.

3

Estrategias De Inversión Para La Jubilación

Uno no puede simplemente retirarse sin mejorar su juego con estrategias analíticas. Y esto no solo se aplica a la jubilación; todos y cada uno de los objetivos que establezcas requieren movimientos estratégicos y pasos inteligentes en el camino para tener éxito. Si deseas jugar inteligentemente mientras planificas tu jubilación, debes elegir tus estrategias sabiamente.

La planificación para la jubilación bien puede ser desalentadora, especialmente si sientes que estás comenzando tarde o fuera de lugar. Según una evaluación de la Reserva Federal sobre el bienestar financiero de las familias estadounidenses publicada en 2019, sólo el 44 % de entre 45 y 59 años creía que sus ahorros para la jubilación iban por buen camino, lo que dejó al 56 % a la deriva.

Hemos dividido estas estrategias en tres partes:

1. Saldar deudas
2. Elegir las inversiones adecuadas
3. Administrar sus carteras.

Tal como mencionamos en la parte introductoria de este libro, pagar tus deudas es la parte más crucial. Creemos firmemente que simplemente no es fácil ni posible ahorrar una mayor cantidad de fondos para tu jubilación si tienes deudas que pagar. Hay muchas formas de deshacerte de la deuda lo antes posible; estas estrategias no solo son importantes y cruciales para el proceso, sino que también son convenientes.

Despídete de tus deudas

La verdad es que, si vas a despedirte de tus responsabilidades, necesitarás algo de fuerza de voluntad de tu parte. No se trata solo de transferir tu dinero aquí y allá.

Está más relacionado con tu estado mental y tus impulsos. Si crees que no eres lo suficientemente fuerte como para superar tus emociones y comenzar a tomar medidas para proteger las cosas productivas, debes cambiar eso.

Conviértete en un ser humano tan racional que ninguna emoción tenga la oportunidad de desviarte del camino.

Las emociones juegan un papel importante en todos los aspectos de la vida; por lo tanto, también podrían enredarse en tu vida financiera. Una vez que te hayas fortalecido con nervios tan fuertes, puedes comenzar a dar el salto hacia una vida exitosa y una jubilación feliz.

Aquí hay algunos consejos para superar sus deudas.

- Recopilar todas tus deudas, facturas y préstamos

Antes de decidir cómo pagar tus deudas, comienza por analizar y recopilar todas y cada una de las facturas o préstamos que le corresponden. Tendrás que revisar tu tarjeta de crédito y extractos bancarios de los últimos seis meses más o menos.

Obtendrás una lista de todos los pagos mensuales, gastos, tasas de interés o plazos, y un saldo total junto con todos los detalles relevantes. Por ejemplo, tendrás en cuenta si alguna de las facturas se encuentra actualmente en aplazamiento o en un plan de pago especial.

- Intenta pagar más que el pago mínimo

Echa un vistazo a tu presupuesto y trata de ver si se puede exprimir algo para hacer espacio para algunos dólares adicionales. Cuando pagas más que el mínimo requisito, eventualmente terminas ahorrando en intereses, y esto te ayudará a salir de tu deuda cuanto antes.

- Prueba la bola de nieve de la deuda

Si estás pagando más de la cantidad mínima requerida, puedes probar el método de deuda de bola de nieve. Esta técnica de pago del préstamo requiere que pagues el mínimo indispensable en casi todas tus obligaciones, además de la más baja, en la que debes pagar tanto como sea posible al siguiente pasivo más bajo mientras realizas los pagos mínimos de los demás.

Este método te motiva a concentrarte en una sola deuda a la vez. En última instancia, esto debería ayudarte a mantenerse en el camino y mantener el impulso en el camino. Sin embargo, en el caso de un préstamo de día de pago o un préstamo de título, ignora el método de bola de nieve ya que tienen una tasa de interés mucho más alta.

- Intenta refinanciar tus deudas

Refinanciamiento de deuda a una tasa de interés razonable debería ahorrarte mucho dinero en intereses mientras que también debería permitirte pagar tu deuda rápidamente. Préstamos para automóviles, préstamos personales, préstamos estudiantiles e hipotecas pueden ser refinanciados. Un préstamo de consolidación de deuda, que es un préstamo personal con una tasa de interés más baja que tus préstamos anteriores, es un método que puedes utilizar para lograrlo. Es posible que desees considerar cambiar la deuda de la tarjeta de crédito a una tarjeta de transferencia de saldo si tienes una deuda de tarjeta de crédito.

- Usar ganancias inesperadas para pagar deudas

En lugar de almacenar el dinero en tu cuenta bancaria o gastar demasiado en ti mismo, asígnalo a tus préstamos cuando recibas una declaración de impuestos o un cheque de bonificación. Tienes la opción de dedicar toda la ganancia inesperada a la deuda o dividirla 50/50 entre préstamos y algo gratificante, como una escapada futura o una cena lujosa.

- Aceptar un acuerdo que es menos de lo que tú
  debes

También puedes ponerte en contacto con tus acreedores y concertar una condonación de la deuda, generalmente por un monto mucho más bajo de lo que necesitas pagar. Aunque puedes hacerlo personalmente, hay varias empresas de terceros que ofrecen servicios de liquidación de deudas por un precio.

Ahorro para la jubilación

No creemos que debamos exagerar la importancia del ahorro en todas las edades. Sin embargo, necesitas ahorrar más de lo que inviertes. Esto se debe a que depender de las pensiones y la seguridad social no le brindará el estilo de vida que has soñado. De hecho, creemos que más del 45% de las ganancias de jubilación deben provenir de tus ahorros.

Precisamente por eso te recomendamos ahorrar más o menos el 15% de los ingresos de tu hogar antes de impuestos. Independientemente de si no es posible ahorrar esa cantidad exacta, averigüa si tu empresa tiene un programa que avanza automáticamente las contribuciones todos los años hasta que se alcance un objetivo.

Otra forma de comenzar es pagando lo suficiente para igualar la contribución del empleador y contribuyendo todos o algunos de los aumentos o bonificaciones anuales a tu cuenta de ahorros de empleo o fondo de jubilación independiente hasta que alcance el límite de contribución anual.

Estrategia de ahorro a corto plazo

Casi todo el mundo sabe mantener un fondo de emergencia. Eres un tomador de riesgos si no preparas un fondo de emergencia para ti mismo. Los eventos desafortunados nunca te informan de antemano. Siempre son una sorpresa y, como probablemente ya sepas, una frustrante. Puede ser cualquier cosa, como perder tu trabajo o enfrentar una enfermedad o incluso haber tenido un accidente.

La emergencia no llama a tu puerta, por lo que siempre debes tener un plan de respaldo. Ahí es donde entra en juego la parte de los ahorros.

· · ·

Tener lo suficiente ahorrado para cubrir aproximadamente de tres a seis meses de gastos necesarios es generalmente una buena regla general. Considera este fondo de emergencia como un pago de factura necesario y comprométete con él hasta que hayas reservado lo suficiente.

Si bien las reservas de emergencia están destinadas a cubrir situaciones más graves, como la pérdida del empleo, también recomendamos reservar una cierta cantidad de tus ingresos para manejar gastos imprevistos menores. ¿A quién no le han invitado nunca al menos a una celebración?

¿Tienes la pantalla rota en tu teléfono móvil? ¿Te subió al auto para encontrar un neumático desinflado? Además, hay varios costos que con frecuencia se olvidan, como el mantenimiento y hojalatería del automóvil, las salidas familiares de los niños, los gastos de recetas médicas, los disfraces de Halloween o incluso los regalos de Navidad, por mencionar algunos.

Una cosa que puede ayudar con estos gastos únicos es reservar el 5% de tus ingresos mensuales. Sin duda, es una gran idea reservar unos cuantos dólares para estos gastos en lugar de sacar dinero de los fondos de emergencia. ¿Cómo obtienes este 5% de tus ganancias? El objetivo anterior se puede cumplir haciendo que el dinero se deduzca rutinariamente de un cheque de pago y se coloque en una cuenta separada designada únicamente para ahorros a corto plazo.

Nuestras recomendaciones pretenden ser una base. Es vital evaluar tus circunstancias y que hagas los ajustes necesarios a estas recomendaciones. Estás haciendo un trabajo fantástico si estás cerca de la meta de ahorro y gasto de 50/15/5. Aquí hay algunas sugerencias más: Paga primero las deudas con intereses altos. Puedes guardar el dinero sobrante para otros fines, como financiar la educación de un niño o una boda. En última instancia, poner dinero en ahorros para la jubilación tendrá sentido lógico para las personas que desean jubilarse anticipadamente o que en realidad no han estado ahorrando con regularidad.

La mejor parte es que no se trata simplemente de realizar un seguimiento de cada centavo. Supervisar tus hábitos actuales de ahorro y gasto a la luz de nuestras tres áreas te ayudará a ganar autoridad y, más precisamente, confianza.

La situación financiera de casi todo el mundo cambiará con el tiempo. El flujo de efectivo puede verse afectado por el matrimonio, un nuevo trabajo, hijos u otro factor de estilo de vida. Es una opción inteligente para revisar tus hábitos de ahorro y gasto con frecuencia, especialmente después de hitos importantes.

Maximizar tus ahorros para la jubilación

. . .

Puedes maximizar tus ahorros para la jubilación haciendo pequeñas cosas. Pueden parecer cosas pequeñas, pero en realidad pueden ser bastante significativas.

Para tener una jubilación feliz, según una investigación, deberías haber ahorrado el equivalente a 10 veces tu salario anual a la edad de 67 años. Según las estadísticas salariales estadounidenses típicas de la Oficina de Estadísticas Laborales de Estados Unidos, esto equivale a alrededor de $544,440 en ahorros, y muchos expertos sugieren que necesitarás al menos $1 millón.

Puede ser intimidante pensar en ahorrar medio millón de dólares o más, pero los expertos recomiendan establecer metas de ahorro modestas a lo largo de tu vida. De acuerdo con la regla general, a la edad de 30 años, debes tener el equivalente a los ingresos de un año en el banco, que serían alrededor de $40,508 según los salarios típicos de los Estados Unidos.

Si te has atrasado con tus ahorros para la jubilación, tenemos algunos consejos para ayudarte a retomar el rumbo.

- Importancia de la tasa de ahorro

Para compensar el déficit, te recomendamos centrarte primero en tu tasa de ahorro. Según los expertos, antes de los 25 años, puedes ahorrar el 15% de tus ingresos y estar bien encaminado hacia la jubilación. Usar un porcentaje en lugar de un número monetario implica que si tus ingresos aumentan, tus ahorros también deberían aumentar.

Sin embargo, si comienzas a ahorrar a la edad de 30 años, habrás perdido cinco años de ahorros, así como todo el dinero que podrías haber acumulado. Para mantenerte al día, realmente tendrás que considerar ahorrar más del 15% de tus ingresos. Comienza de inmediato, invierte lo que puedas pagar en este momento y se persistente.

- Mantente alejado de la inflación de estilo de vida

Todavía hay tiempo para volver si recién comenzaste a ahorrar a los 30 años. Este sería el año para lanzar tu carrera con toda tu fuerza y buscar oportunidades y mejoras que te ayudarán a pasar del nivel básico a ingresos seguros. Puedes aumentar tus ahorros a medida que avanza tu trabajo y ganar más dinero, especialmente si te resistes al cambio de estilo de vida.

Si ganas un aumento sustancial, aprovéchalo aumentando tu tasa de ahorro antes de comprar un auto nuevo o planear una escapada importante.

. . .

Trabajar para asegurarte de que tu yo mayor esté muy bien cuidado es otra forma de apreciar tus logros. Aunque sólo obtengas un aumento de gastos del 3 %, considera pagar el 2 % en tu jubilación y conservar el otro 1 %.

Busca estrategias alternativas para redirigir tus gastos a tu cuenta de jubilación. Podrías, en última instancia, liquidar un vehículo y colocar el dinero en alguna cuenta IRA o contribuir más al plan de jubilación de tu empleador. La estrategia anterior funciona, dado que parece que estás pagando un pago de vehículo, no parecerá que estás asignando algo a tus ahorros, mordiendo de tu gasto discrecional.

- Conocer los entresijos de las cuentas de jubilación es esencial

Parece que hay restricciones de contribución para tener en cuenta con cuentas de jubilación como 401(k)s e IRAS.

Aunque es posible que desees aumentar rápidamente tus ahorros para recuperar el tiempo perdido hasta ahora, en realidad sólo puedes depositar tanto dinero en dichas cuentas. Las personas menores de 50 años podrían contribuir hasta $19 500 a una cuenta 401(k) y $6000 a una cuenta IRA en 2020.

· · ·

Retirar dinero de una cuenta 401(k) y/o **IRA** normal o antes de impuestos antes de los 59 años y medio conlleva una sanción significativa. Podrías retirar sin multas el dinero después de impuestos que has depositado en una Roth 401(k) o Roth **IRA** antes de jubilarte, pero debes esperar hasta que tengas 59 años y medio para hacerlo. Varias cuentas IRA cobran una prima si realiza retiros antes de que la cuenta haya estado activa durante cinco años.

Teniendo esto en cuenta, debes tratar de evitar tomar dinero de dichas cuentas. Si bien puedes estar entusiasmado por comenzar a ahorrar e invertir, ten en cuenta que es fundamental contar con un colchón de emergencia sólido y un plan real para el pago de la deuda. Todos estos factores son críticos al planificar un futuro financiero seguro.

Consejos necesarios para comenzar a invertir

Hay muchas maneras de poner tu dinero a trabajar para ti.

Opciones como acciones, bonos, ETF, fondos indexados y mucho más están disponibles en el mercado para que aumente tu riqueza. Sin embargo, la opción que elijas para poner tu dinero debe basarse en tus objetivos, ya sea a corto o largo plazo.

· · ·

La inversión no está destinada solo a los ejecutivos súper ricos de Wall Street. De hecho, uno de los métodos más predominantes para que los estadounidenses se conviertan en multimillonarios es a través de inversiones en los mercados bursátiles. Aprender a invertir puede parecer desalentador al principio, pero no es tan complejo como parece.

Antes de invertir, debes prepararte lo suficientemente bien como para lidiar con los resultados. Debes estar seguro con los siguientes factores:

1. Tener un cómodo presupuesto-ganancias, gastos, ahorros por mes.

2. Controlar la deuda: no más intereses de altos saldos de tarjetas de crédito.

3 Objetivos realistas y precisos: tu visión debe ser clara para el futuro.

Realmente no tienes que esperar hasta deshacerte de tus deudas para comenzar a invertir. Si deseas que tus ganancias aumenten significativamente, debes invertir. Aunque mantener fondos en una cuenta de ahorros parece una apuesta segura, el interés que generará es insuficiente para igualar la inflación durante varios años. A pesar de ser altamente riesgoso a corto plazo, la bolsa de valores proporciona ganancias compuestas que no solo se mantienen al día sino que superan la inflación a largo plazo.

. . .

Digamos que obtuviste una pequeña fortuna que decides invertir. Ahora, sí tomaste $5,000 y los invertiste en una cuenta que ofrece una tasa de interés del 7% y agrega unos $200 adicionales por mes durante aproximadamente 30 años, tendrás alrededor de $284,000.

Aparte de las cuentas de jubilación tradicionales, invertir en otras opciones puede parecerle intrigante. ¿Por qué no te ofrecemos una revisión de varias opciones para invertir, como acciones, ETF, bonos y más?

Los fondos de inversión

Casi similar a ETFs (Fondo de Inversión Cotizado), los fondos mutuos combinan montones y montones de acciones separadas en una sola inversión. La única diferencia entre estos dos tiene que ver con cómo se venden y tienen un precio. Los precios de los ETF varían en tiempo real y puedes negociarlos con la frecuencia que desees cuando el mercado está abierto. Sin embargo, en el caso de los fondos mutuos, implican restricciones sobre la frecuencia con la que puedes negociarlos mientras que su precio es solo una vez por día.

Bonos

· · ·

Poseer bonos separados es de hecho un enfoque de inversión eficiente. Un fondo indexado de bonos te ayudará a crear bonos en tu cartera (podría ser un fondo mutuo o ETF). Si participas en el fondo diversificado o en un Robo-advisor, la exposición a bonos se incluiría en función de los objetivos del producto y la gestión de riesgos.

Bienes raíces

Permítenos aclararte una cosa; la inversión en bienes raíces no significa ser dueño de la casa en la que vives. Las inversiones en bienes raíces significan ser dueño de edificios comerciales o apartamentos y luego arrendarlos. Aunque el valor de los bienes inmuebles se aprecia con el tiempo, el poder de inversión se oculta en forma de efectivo recibido de los inquilinos.

Ser propietario de bienes raíces puede generar ingresos que puedes mantener en tu bolsillo o reinvertir si de alguna manera pudieras cobrar una renta mayor de la que gastas en hipotecas, mantenimiento e impuestos.

Comprender cuándo y cómo invertir en una propiedad será un tema significativamente más amplio de lo que podemos discutir en este libro. Sin embargo, hay formas de participar rápidamente con un presupuesto razonable.

· · ·

Existen varias plataformas de inversión inmobiliaria que ofrecen oportunidades de inversión de crowdsourcing. Puedes gastar tan solo $5,000 y ganar proyectos de oficinas o apartamentos masivos con otros inversionistas.

Tales operaciones no están más allá de los riesgos, así como de las tarifas cobradas por las empresas que reducen los rendimientos. Sin embargo, pueden resultar atractivos si realmente desea aumentar la exposición inmobiliaria a tu cartera sin tener que asumir la carga de gestionar y comprar las propiedades tu mismo.

Inversiones que son avanzadas

En los últimos tiempos, las casas de bolsa eliminaron cada vez más los costos de negociación y simplificaron el procedimiento para comprar acciones de acciones menores. Anteriormente, si una acción cotizaba a $500 por acción, entonces se necesitarían $500 para comprar una sola acción.

También podrías recibir una comisión de $5 cada vez que compres o vendas acciones.

A partir de hoy, tienes la libertad de invertir con tan poco como unos pocos dólares y no se te cobrará ninguna comisión.

Si una persona obtuviera $50, podría comprar fácilmente una décima parte de una acción de $500. Según la investigación, comprar fondos indexados y mantenerlos durante décadas es la forma más inteligente de invertir. El mismo enfoque casi siempre supera incluso al inversor de Wall Street más experimentado. Por lo tanto, es terriblemente aburrido también.

Aquí es donde te recomendamos que inviertas la mayor parte de tus ganancias. Sin embargo, está bien asignar el 10% o el 5% de tus ingresos al "juego" realizando transacciones relativamente frecuentes.

Aliente a las personas a divertirse mientras aprenden realizando transacciones más frecuentes sin arriesgar su dinero. El brillo de la diversidad es que siempre se beneficiará de cualquier inversión que tengas un rendimiento favorable, mientras que varias acciones de bajo rendimiento no te llevarán a la bancarrota. Si tomas malas decisiones y eliges tus propias acciones, podrías terminar perdiendo la mayor parte de tu riqueza.

Las mejores formas de invertir

La planificación financiera personal es así de personal.

· · ·

El camino más inteligente posible para que una persona haga inversiones diferirá de la mejor manera para alguien más en hacer inversiones. Ciertos aspectos, en cambio, son genéricos. Todos necesitamos ahorrar dinero para la jubilación que olvidaremos durante muchos años. Debemos pensar en nuestro futuro y ahorrar ingresos suficientes para sobrevivir bien durante la jubilación es un desafío difícil.

Cuanto antes financies, más fluido debe de ser.

- Robo-Advisors

Busca un Robo-asesor si deseas mantener las cosas lo más simples posible. Mediante el uso de medios tecnológicos, estos asesores invierten su dinero en una cartera muy diversificada y amplia de bonos y acciones que se optimizan según sus objetivos y tolerancia al riesgo. Además, el procedimiento de apertura de cuenta también es tan simple como responder un cuestionario de 12 preguntas. ¿Mejor parte? Los asesores automáticos son muy económicos y ni siquiera requieren que mantenga un saldo mínimo.

- Da corretaje de valores

Si consideras que los Robo-advisors son una especie de restaurante que sirve comidas preparadas, entonces la intermediación bursátil puede considerarse como el supermercado de las inversiones. Puedes tener cualquier cosa que desees tener, pero debes saber cómo preparar esas cosas.

Si eres una persona que sabe lo que quiere y ves las cosas desde cierta perspectiva y además esperas que las cosas sean exactas, esto es para ti. Sin embargo, si eres una persona que no sabe lo que quiere ni sabe cómo conseguirlo, esta no es una buena opción para ti.

Bueno, con la ayuda de un corredor de bolsa, cualquiera puede crear su propia cartera de compra y retención combinando varios fondos cotizados en bolsa. Nuevamente, también puedes comprar acciones individuales con la frecuencia que desees.

Construyendo tu valor neto

Aunque la cartera de inversiones es de hecho un elemento importante del cálculo del patrimonio neto, que se puede calcular fácilmente sumando el valor de los activos y deduciendo el valor de la deuda, este no será el único factor que podría contribuir significativamente a tu bienestar financiero en la jubilación. Aquí tenemos cinco estrategias para aumentar tu valor neto.

- Compra una propiedad

De hecho, la propiedad tiene el poder de convertirse en tu activo más valioso. Mucha gente vende sus casas después de jubilarse para sobrevivir a la vejez.

Los bienes raíces pueden resultar ser un gran activo ya que su valor se aprecia con el tiempo (como se mencionó anteriormente). Pero como fuimos testigos de la Gran Recesión, no está garantizado que el valor siempre se aprecie.

Mientras que el arrendamiento podría ser menos costoso, lo que le permitiría invertir posteriormente la diferencia para posiblemente ganar tanto con el tiempo en lugar de comprar una casa, la inversión inmobiliaria prácticamente te obliga a ahorrar. Tu red crecerá a medida que pagues tu hipoteca y mejores el valor de tu casa.

- Comerciar un negocio

Una empresa puede aumentar o disminuir significativamente el patrimonio neto de una persona.

Aunque varios negocios ofrecen una vida cómoda a sus propietarios, son un activo difícil de tasar y vender, por lo que no son liquidables. Sin embargo, valuar un negocio es más complicado que valuar una propiedad, por lo tanto, consulta con un profesional que realmente pueda ayudarte a establecer una valuación y determinar el valor neto de tu negocio.

- Aumenta tus ingresos

La mayoría de las personas buscan acumular progresivamente enormes sumas de dinero a lo largo de sus vidas. Más dinero significa más oportunidades para pagar deudas, ahorrar, invertir en otros activos, etc.

- Pagar las deudas

La reducción de la deuda mejora el patrimonio neto general; por lo tanto, haz lo que debas para liquidar tu deuda de préstamo de automóvil, vivienda y tarjeta de crédito con el tiempo. Simultáneamente, comienza por reducir algunos de tus gastos. Cuanto menos gastes, más valorado eres y más dinero podrías ahorrar.

- Seguro de Vida

Esto puede parecer fuera de lugar para incluirlo aquí; sin embargo, el valor neto de tu familia obviamente colapsaría si tu murieras repentinamente y ellos no pudieran ganarse la vida. Piensa en comprar un seguro de vida para proteger a tu familia. Esto no te beneficiará cuando te jubiles (aunque algunos tipos pueden tener un aspecto de inversión al que podrás acceder más adelante), pero ayudará a tus dependientes si algo realmente sale mal.

4

Reducción Para La Jubilación

La reducción es una gran opción para cualquier persona que busca la jubilación. Tiene sus pros y sus contras, pero sobre todo resulta ser bastante beneficioso. La reducción requiere trabajo duro, paciencia y planificación. Implica organizar tu residencia actual, renunciar a cosas innecesarias, incluir tu residencia en el mercado para venderla y, finalmente, mudarte a una nueva área.

Muchas personas pagan a expertos para que las ayuden en esta fase, mientras que otras buscan a sus familiares o amigos. Muchos estadounidenses de la tercera edad ahora optan por vivir una jubilación modesta; el 46% de los baby boomers que vendieron sus casas en el año 2017 estaban redimensionando, según un informe del gobierno.

La reducción de personal puede ser desalentadora, una gran decisión que depende de las circunstancias emocionales y financieras. No es fácil despejar una casa enorme. Dejar tu hogar, buscar un nuevo hogar, además de reubicar tus cosas, todo puede traer dificultades a una persona. A lo largo de este capítulo, profundizaremos en los factores de por qué las personas reducen su tamaño para la jubilación y ofreceremos consejos de profesionales sobre cómo hacer el cambio. También consideraremos otras etapas, incluida la preparación de tu propiedad para la venta y la evaluación de los gastos de reubicación.

Tus motivos para mudarte

Cambiar o mudarte a una nueva área es bastante estresante sin importar la edad que tengas. Incluso a los niños pequeños les resulta difícil cuando se les dice que cambiarán su residencia actual. Del mismo modo, la reducción del tamaño de la jubilación también implica enormes desafíos en sí misma.

Sin embargo, determinar tus motivos para reducir el tamaño te ayudará a mantenerte en el camino y sentirte menos emocional con respecto a las cosas materialistas. De acuerdo con una encuesta realizada por una especialista en 2018, la razón principal declarada por los participantes para mudarse durante la jubilación fue vivir cerca de la familia.

· · ·

El objetivo de minimizar los gastos era una preocupación secundaria.

La reducción de personal no es algo que todos elijan conscientemente. Debido al deterioro progresivo de la salud, la muerte de un cónyuge o tal vez una crisis financiera imprevista, la reubicación podría ser tanto inmediata como inevitable. Reconoce tu motivo personal para mudarte.

Analiza los beneficios e inconvenientes para que tengas confianza en tus elecciones. Estas preguntas pueden resultar ventajosas para tu consideración:

- ¿Cuánto dinero más tiempo puedes comprometer para un cambio en tu vida?
- ¿Qué tipo de sacrificios estás realmente dispuesto a hacer?
- ¿Dónde deseas vivir?
- ¿Es vivir en la misma zona una mejor opción o quieres nuevas experiencias?
- ¿Qué tipo de casa sería fácil de navegar?

Para mayor comodidad, ¿cuánto espacio necesitarías?

Una cosa más que es necesaria es comunicarte y hablar con tu familia lo antes posible.

Si estás casado, habla sobre cualquier cosa con tu pareja quien también puede tener ciertas preocupaciones.

Además, asegúrate de que tus hijos siempre estén al tanto de lo que está sucediendo o lo que está por suceder. Permite que vayan y te ayuden a empacar si esta es la casa en la que crecieron. En última instancia, esto evitará cualquier tipo de resentimiento o conflicto en el camino.

Consecuencias financieras de la reducción personal

Por supuesto, para ahorrar esos dólares, la gente reduce su tamaño. Los gastos de vivienda económicos son una excelente manera de ahorrar esos dólares para fines futuros. La reducción de personal tiene muchas ventajas, y estarás feliz de hacerlo después de conocerlas.

- El flujo de efectivo aumenta

Una ganancia inesperada de efectivo resulta cuando vendes tu casa. Con el tiempo, esto genera un fondo de ahorro para la jubilación junto con el aumento de tus ahorros.

- Reducción de hipoteca

Si no has pagado la hipoteca de tu casa actual, la nueva propiedad con pagos mensuales de hipoteca reducidos será buena para tu presupuesto. Esos pocos dólares que ahorrarías cada mes podrían usarse para una aventura anual en las Maldivas o incluso para financiar la educación de tu nieto.

- Facturas de servicios públicos reducidas

Los gastos de servicios públicos reducidos están asociados con locales más pequeños y menos habitaciones. Puedes ahorrar incluso más dinero si te mudas a una propiedad que tenga ventanas nuevas o electrodomésticos de bajo consumo.

- Menos mantenimiento y limpieza

Cada año, los estadounidenses de 50 años o más gastan casi $90 mil millones en mantenimiento del hogar, lo que representa el 47% del total nacional. Lo más probable es que una casa moderna requiera reparaciones mínimas y también tenga gastos de mantenimiento más baratos que una casa más antigua. Además, no gastarás tantos dólares contratando a alguien para cuidar la casa.

Sin embargo, antes de comenzar a mudarte, asegúrate de tener un buen conocimiento de tus finanzas.

. . .

Si no prestas mucha atención o no mantienes los ojos abiertos, es muy probable que los cargos ocultos y la mala planificación reduzcan los ahorros potenciales. Dejar tu residencia actual y mudarte a una nueva nunca es barato.

Seamos honestos, terminas gastando más de lo planeado cuando te mudas. Precisamente por eso te recomendamos consultar con empresas de mudanzas y obtener presupuestos para planificar tu presupuesto en consecuencia.

Durante cambios importantes en nuestras vidas, tendemos a creer: "Está bien, estoy pasando por un cambio importante, así que está bien gastar más dinero de lo planeado. Lo cubriré más tarde". No debes caer en este pozo de culpa eventual que te devorará. En su lugar, sé inteligente al planificar tu presupuesto y luego apégate a él.

Considera los gastos antes de mudarte

Necesitas saber qué gastos ocurrirán cuando te mudes.

Como es obvio, mudarte implica mucho, mucho esfuerzo, además de procedimientos legales y luego estrés mental, pero también debes tener en cuenta los gastos en los que incurre entre y antes.

- Cuotas de Asociación de Propietarios

Si te mudas a una casa adosada, comunidad o vecindario con una asociación de propietarios, deberás pagar tarifas mensuales. Las tarifas de la asociación de propietarios difieren enormemente, aunque algunas estimaciones predicen gastos que oscilan entre $100 y $700 por mes. Las tarifas están determinadas por los beneficios que brinda la asociación, por ejemplo, el mantenimiento del césped.

Cuanto mayores sean los costos de la Asociación más servicios y ventajas habrá.

- Preparando tu casa para el mercado

El proceso de preparación de tu propiedad para la venta en el mercado inmobiliario se conoce como puesta en escena.

Esto podría implicar una variedad de actividades, como volver a pintar las paredes y reemplazar el piso viejo por uno nuevo, o mejorar el paisaje y cambiar los grifos del baño. Estos no son económicos, pero pueden ser necesarios si no deseas que tu casa permanezca en el mercado por un período de tiempo indefinido. Incluye también el manteni-miento importante del hogar en tu lista.

- Impuesto sobre la propiedad y el seguro de propietarios de viviendas

Mudarte a un lugar más pequeño no significa que ya no estés obligado a pagar impuestos sobre el seguro. La localidad a la que se muda es realmente importante. Podría haber factores externos, como la proximidad a los peligros naturales o incluso las tasas de criminalidad, que pueden aumentar las primas de los seguros. Para buscar el precio óptimo, verifica los precios de la misma póliza de varias compañías de seguros. Debes estar atento a las modificaciones en tu factura de impuestos a la propiedad también.

- Cargos de agentes inmobiliarios

La comisión habitual de un agente de bienes raíces es aproximadamente el 6% del precio de venta de la casa. Si está vendiendo una propiedad de $250,000, los agentes de compra y venta pueden cobrar cada uno $15,000 en comisión. Eso es mucho dinero en efectivo. ¿Las palabras de sabiduría? Las tarifas de cierre y los cargos de la agencia reducirán tu pago final.

- Juerga de compras para el nuevo hogar

Mientras reduces el tamaño y tratas de reducir los gastos, puedes agregar más a la juerga de compras para tu nuevo hogar.

. . .

Tendemos a comprar muchas cosas de las tiendas especializadas en eso cuando estamos en movimiento (que no necesariamente necesitamos). Te recomendamos que tengas cuidado al comprar cosas para tu nuevo hogar y ahorres para tu futuro.

Que comience la reducción de gastos

Finalmente has tomado la decisión de reducir tu tamaño y mudarte. Es hora de empezar a recoger tus pertenencias y ponerlas en una caja. Pero, ¿por dónde empiezas? No es un procedimiento simple, por supuesto, pero las personas han hecho sus carreras ayudando a otros a reducir su tamaño para la jubilación, por lo que tiene sentido.

Puede parecer un desafío, pero no dejes que la abrumadora experiencia te abrume en absoluto. La confusión entre qué guardar y qué regalar puede volverte loco. De hecho, es una de las razones por las que la gente tiene miedo, para empezar debes establecer metas y objetivos y también establecer plazos para ellos. Hazte responsable de lo que importa.

Si te preparas para el lugar al que te diriges y lo que vas a lograr, será menos desafiante. Una vez que una persona comienza a visualizar su objetivo final y sabe exactamente cuáles serán los resultados, se vuelve fluido.

Un paso a la vez

Las cosas apresuradas pueden escalar y volverse más estresantes de lo que ya son. Toma pasos de bebé primero.

Comienza con la habitación más pequeña, el espacio más pequeño. Aborda una cosa a la vez y no te presiones demasiado pensando que debes hacerlo rápidamente.

El proceso de reducción suele tardar meses en completarse.

No se puede hacer simplemente durante una semana, como hacer una fiesta. Se necesita mucho tiempo para empacar, mudarse y establecerse. Sería genial si establecieras un plan adecuado para tu reducción. Enumerar cada prioridad según tu necesidad y verificarla todos los días puede ayudarte a recordar muchas cosas.

Se realista y se racional

Es muy común enamorarse de tus cosas. Y dejar ir las cosas puede desencadenar muchas emociones y recuerdos. La reducción personal implica dejar entre el 70 y el 80% de las cosas que te llevó alrededor de 20 a 30 años almacenar. Se realista y comienza a actuar racionalmente.

No mires las cosas con emoción y añoranza. Mira las cosas con la perspectiva de que se usen dentro de un año. Si encuentras algo que no necesitarás en un par de años, déjalo ir.

Acostúmbrate a buscar elementos aparentes de los que puedes deshacerte, como artículos para el hogar idénticos, papeles obsoletos, ropa vencida y periódicos viejos.

Toma fotos de tu entorno actual

Si sabes cómo se ve siempre tu hogar o cómo se mantienen las cosas de cierta manera, será mucho más fácil para ti configurar tu nuevo hogar. Documenta tus habitaciones y llévalas contigo para que puedas ver más tarde qué progreso has hecho, esto puede ser bastante complicado y fuerte.

Revisa y anota las medidas de los muebles que piensas traer para verificar que caben en tu nuevo hogar. Documenta la colocación de fotografías familiares en las paredes y la disposición de los muebles. Estos serán útiles cuando estés desempacando en tu nueva casa.

Regala cosas que ya no necesitas

· · ·

La comercialización de cosas innecesarias es una excelente estrategia para aumentar tus fondos móviles. Además, ayuda a despejar el espacio, y hay una sensación de logro al comprender que tus cosas viejas ayudarán a otros. Puedes ofrecer tus artículos en sitios web. También existen aplicaciones y son opciones adicionales. Para evitar estafas, asegúrate de aceptar solo propuestas en efectivo. Para tales interacciones, debes esperar conocer gente en un lugar público.

Considera organizar una venta de garaje para artículos menores o menos valiosos. Vender a aficionados, tiendas de libros usados, tiendas de música o sitios de subastas en línea también son opciones. Devuelve los objetos de valor a sus legítimos dueños. Es posible que todavía tengas la toga de graduación de tu hija de 40 años guardada en el armario.

Pregúntale directamente si todavía quiere quedársela.

Deshazte de ella si ella no lo hace.

Busca ayuda profesional

Una gran mayoría de entusiastas ofrecen sus servicios para ayudar a los jubilados a reducir su tamaño.

. . .

Hay gerentes de mudanzas para personas mayores que se especializan en ayudar a las personas mayores junto con sus familias a hacer frente a los elementos físicos y emocionales de la reubicación. Ordenar su casa, tener apoyo emocional, facilitar la disposición, venta de bienes no deseados, donación o incluso establecer procesos se pueden realizar con la ayuda de organizadores profesionales.

Estos expertos trabajan para ti. Sin embargo, no ofrecen servicios de limpieza. Los gerentes de mudanzas para personas mayores son expertos en ayudar a las personas mayores y sus familias con los elementos emocionales y físicos de mudarse o envejecer en el lugar. Los organizadores profesionales, por otro lado, pueden ayudarte a ordenar tu casa, brindarte apoyo emocional, facilitar la eliminación, donación o venta de bienes no deseados y establecer procesos para ayudarte a mantenerte organizado.

Las tarifas pueden diferir según el estado y el empleo, aunque normalmente oscilan entre $75 y $150 por hora. Si bien esta puede parecer una opción costosa, el tiempo y el trabajo que ahorrará pueden valer la pena.

Es similar a contratar a un planificador de bodas para una gran boda. Por supuesto, puedes hacer el trabajo tú mismo, pero al contar con ayuda profesional puedes hacerlo sin problemas y con menos estrés.

. . .

Con frecuencia, estos profesionales brindan una variedad de actividades que pueden personalizarse para adaptarse a tu presupuesto. Esto no es un lujo distintivo que sólo los ricos pueden permitirse. Ocasionalmente, las personas solo contratarán a alguien para una parte del procedimiento.

Lidiar con las emociones

Es intimidante y agotador escudriñar los recuerdos de toda una vida. La reducción personal puede generar una plétora de sentimientos como desesperación, preocupación, tensión y pérdida. Es posible que conocer las causas de estos pensamientos y emplear formas de manejarlos no siempre cambie cómo te sientes, pero podría ayudar a que la experiencia de reducción de personal sea mucho más fácil para que puedas concentrarte en tu próxima fase, según una carta de 2018 de la Escuela de Medicina de Harvard.

Si te afecta una agitación emocional, busca a un amigo o familiar con quien hablar. Las personas más cercanas y queridas tienen el poder de escucharte reflexionar sobre artículos preciosos mientras te empujan suavemente para que dejes ir cosas que ya no necesitas. Nuestras posesiones tienen la costumbre de convertirse en miembros del hogar.

Tal vez llamar a un viejo conocido después de un día difícil de ordenar podría ayudar a calmar tus emociones y ayudarte a mantenerte enfocado. Considera buscar asistencia profesional si no tienes a alguien de quien depender. Es posible que desees conversar con un terapeuta o ver a tu médico de atención médica.

Vida de jubilación: alquilar vs. Propiedad

Puede haber razones convincentes para comprar una propiedad durante la jubilación, aunque las hay igualmente convincentes para alquilarla. Si no tienes que pagar por el mantenimiento y las reparaciones, estas últimas pueden ser menos costosas. Por el contrario, si no tienes que temer que el arrendador aumente su alquiler, ser propietario de una vivienda sería menos problemático.

Los gastos de alojamiento serán uno de tus principales gastos mensuales durante la jubilación, independientemente del camino que tomes. Aquí hay algunas cosas para pensar mientras decides si alquilar o comprar.

• Riesgo

En esencia, comprar una casa después de jubilarse es una mejor inversión que alquilarla. Ser propietario de una casa, por otro lado, implica riesgos financieros considerables.

• • •

Los gastos pueden superar los del alquiler debido a los vaivenes del mercado, las facturas de mantenimiento imprevistas y las primas de seguros.

Además, independientemente de la opción que elijas, ten en cuenta que los impuestos, el alquiler y los precios de los seguros aumentan con el tiempo.

Sin embargo, una preocupación importante es el riesgo de mantenimiento que conlleva ser propietario de una vivienda. Alquilar es similar a comprar una póliza de seguro de mantenimiento; los inquilinos no son responsables de las facturas de mantenimiento de rutina, averías de equipos o desastres naturales como inundaciones o tormentas.

- Implicaciones fiscales

Otra consideración clave al sopesar los beneficios de comprar frente a alquilar son las consecuencias fiscales. Los intereses sobre hipotecas elegibles de $750,000 o menos son deducibles para una pareja casada que presenta una declaración conjunta a partir de declaraciones presentadas en 2019. Según la legislación anterior, aún podía deducir intereses en una hipoteca de $1 millón o menos si adquirió su propiedad antes del 16 de diciembre de 2017.

. . .

Sin embargo, debido a que las deducciones de impuestos a la propiedad, que alguna vez fueron un gran beneficio para los ciudadanos que pagaban impuestos (particularmente en los vecindarios ricos), ahora se han limitado a $10,000 y la deducción estándar casi se ha duplicado, gracias a la Ley de Empleos y Reducción de Impuestos de 2017, el número de personas que detallarán sus deducciones para ahorrar dinero ha disminuido significativamente. Dado que los precios de alquiler no son impuestos deducibles, los inquilinos no pueden aprovechar estos ahorros potenciales.

Liquidez y Cobro

La independencia del estrés por las circunstancias del mercado doméstico y la liquidez es otro beneficio financiero de ser arrendatario. Vender una casa lleva tiempo, implica una gran cantidad de documentación y la mayoría de los agentes inmobiliarios cobran una tarifa, lo que reduce los rendimientos de la inversión. Siempre que sea necesario mudarse, esquivar estas trampas puede valer la pena.

Muchos jubilados dependen principalmente de los planes de pensión, ya sea a través de planes de seguridad social, gubernamentales o sindicales, o una anualidad. Las personas a menudo no tienen acceso a cantidades significativas de efectivo disponible.

· · ·

Los gastos normales de ser propietario de una casa pueden ser desastrosos si no se tiene suficientes activos disponibles para cubrir necesidades imprevistas.

- Oportunidad de Inversión (¿Es real?)

Aunque los bienes raíces pueden ser una excelente inversión, no se debe adquirir una propiedad solo para ese propósito.

El alojamiento es un gasto inherente de la vida, y la venta de un artículo de inversión no debe requerir que se mude.

Cuando se trata de gastos de vivienda, los jubilados simplemente no deberían considerar las oportunidades de inversión de ser propietarios de una casa.

Para utilizar la propiedad como una inversión, un terrateniente necesitaría comprar barato y vender caro comprando y vendiendo residencias de manera oportunista.

Por el contrario, al vender una propiedad para obtener una ganancia en un momento en que los precios suben, uno corre el riesgo de quedar fuera del mercado si los valores siguen subiendo. Cualquier persona con un ingreso fijo, como la mayoría de los jubilados, es posible que ni siquiera pueda adquirir estos artículos.

Alquilar es similar a poner en corto una acción en términos económicos. Uno puede alquilar un apartamento, esperar a que esos precios bajen, y luego comprar una propiedad más tarde si sienten que los precios de la vivienda están bajando. Ser inexacto con respecto a la tendencia real de los precios de las propiedades y tener que ofrecer una gran cantidad de compra para cubrir una posición corta es similar a ser incorrecto sobre el futuro de los mercados bursátiles y tener que ofrecer un alto precio de compra para cubrir una posición corta.

Beneficios de ser propietario de una vivienda

El hecho de que tu no tengas un pago de hipoteca realmente no hace que esta sea una decisión fácil. Se deben considerar los impuestos a la propiedad y los gastos de mantenimiento, y cuanto más antigua sea tu propiedad, mayor será el costo de sus reparaciones. Aún así, es fácil pensar en motivos para quedarte, especialmente si ya eres dueño de tu casa (y no tienes una desgracia médica que la deje). Aquí hay algunos puntos cruciales más a considerar:

- Equidad
- Deducciones fiscales
- Estabilidad

Beneficios de alquilar

Hay ventajas en vender tu propiedad y cambiar a un alquiler. Estas ventajas son familiares para aquellos que ahora alquilan. Si tu eres un adulto independiente que busca reducir su tamaño o no estás seguro de dónde dedicarás tu jubilación, alquilar puede ser una buena opción. Durante algunos años, es posible que desees reubicarte para tener un mejor clima o un costo de vida reducido, pero luego podrás simplemente regresar con tu familia.

Sin embargo, a menos que tu seas propietario de una casa y estés pensando en vender, a continuación hay algunas cosas en las que debes pensar:

- Poco o ningún mantenimiento o responsabilidad.
- Flexibilidad de movimiento.
- Liquidez.
- Menos impuestos y costes.

La cuestión de si mantener la mansión ancestral o mudarse a una casa más pequeña es un desafío para muchas personas cercanas a la jubilación. Si realmente optas por mudarte, tendrás que lidiar con la preocupación y los gastos que conlleva ser propietario de una propiedad. Al decidir si comprar o alquilar una propiedad durante la jubilación, hay varios factores a considerar, que incluyen:

- ¿Cuáles serían las ventajas fiscales de alquilar frente a comprar?
- ¿Es tu casa una posible inversión o simplemente otro costo adicional?

- ¿Qué peligros, en cuanto a gastos imprevistos, ocurren con la propiedad, y tu presupuesto los manejaría?

Teniendo en cuenta esto, suponemos que será mucho más fácil para ti decidir si reducir el tamaño o quedarte donde prefieres vivir.

Errores que cometen las personas al reducir el tamaño

A menudo, la gente fantasea con financiar una parte importante de su jubilación vendiendo su casa actual, comprando una propiedad más pequeña e invirtiendo la diferencia para obtener ingresos. Sin embargo, en realidad, con frecuencia ganan mucho menos dinero de lo que habían imaginado.

La reducción de personal aún puede ser una decisión beneficiosa si se hace correctamente. Es posible que no solo salgas por la puerta con más dinero, sino también con una vida más sencilla y menores gastos de mantenimiento y servicios públicos en los años venideros. Para lograr ese final agradable, debes evitar los peligros imprevistos que hacen que la reducción de personal sea tan arriesgada.

· · ·

A continuación, se presentan algunos errores y trampas que esperan a los reductores.

- Sobreestimar el valor de tu actual residencia

Es tentador soñar despierto con cuánto dinero generará tu propiedad. Tal vez los vecinos de la cuadra decidieron venderla por un precio considerable y fueron vistos por última vez cargando su nuevo Bentley y viajando a México.

Probablemente no entenderías tres cosas esenciales: cuánto ganaron realmente con la transacción, cómo su casa varía de la suya en términos de las características que más valoran los posibles compradores y si el mercado inmobiliario era mejor o peor en ese momento.

Trate de consultar a muchos agentes inmobiliarios locales para obtener una evaluación imparcial de la valoración de mercado real de su casa. Adquirir más de uno es vital, ya que un agente que realmente está desesperado por su listado puede ofrecerle una estimación demasiado optimista.

También puedes contratar a un tasador externo.

- Subestimar el costo de comprar una casa nueva

La gente se inclina a creer que obtendrás una buena oferta en la próxima propiedad que compres, exactamente como es probable que creas que obtendrás una buena oferta en tu propiedad existente. Es importante tener en cuenta que los posibles inversionistas de su casa actual, así como los vendedores de la futura, están pensando de la misma manera.

Utiliza múltiples recursos para examinar los precios de venta anteriores para determinar cuánto puedes esperar gastar en el tipo de propiedad que deseas comprar. Si estás considerando mudarte a un nuevo lugar, no hay alternativa para pasar un tiempo allí y buscar propiedades adecuadas. Incluso si estás familiarizado con un lugar de vacaciones anteriores, puede valer la pena visitarlo en diferentes épocas del año para asegurarte de que estarás satisfecho allí durante todo el año.

- Ignorar las consecuencias fiscales

Excepto si obtienes una gran ganancia en la venta de tu propiedad (y si lo haces, felicidades), es posible que no tengas que pagar ningún impuesto sobre la renta sobre la ganancia. Las regulaciones actuales del **ISR** permiten que la mayoría de las parejas deduzcan hasta $500,000 en ganancias de capital de sus ingresos imponibles. En la mayoría de los casos, los solteros pueden excluir hasta $250,000. Las pautas también consideran cuánto tiempo ha sido propietario y ha vivido en la casa, entre otras cosas.

• • •

Independientemente de no adeudar impuestos sobre la renta, existen factores fiscales a considerar antes de mudarte.

Los impuestos a la propiedad son altos en varias áreas populares de retiro. Un área de impuestos bajos puede tener impuestos sobre las ventas o sobre la renta más altos, o puedes gravar los ingresos de tu pensión de manera diferente.

- Olvidarte de considerar los costos de cierre

Si no has comprado una casa en años, es posible que hayas comenzado a olvidarte de las tarifas de cierre que tendrás que pagar en este momento. Lo más probable es que se trates de gastos legales, cargos por servicios, seguro de título y muchas otras cosas. Cuando compres tu próxima casa, no solo tendrás que pagar los costos de cierre, sino que también tendrás que pagar un segundo conjunto como vendedor de la casa.

Los cargos de los agentes son ajustables, por lo tanto, trata de asegurar la cantidad más beneficiosa y factible desde el principio. Como comprador, es posible que puedas persuadir a un vendedor entusiasta para que cubra parte de los gastos de cierre, pero ten en cuenta que quienquiera que compre tu propiedad seguramente intentará el mismo truco contigo.

. . .

Aunque reducir el tamaño de tu casa podría ayudarte a ahorrar dinero para la jubilación, debes hacer tu tarea de antemano. Podrías descubrir formas de ahorrar dinero en la transferencia que no conocías, o puedes decidir que es mejor quedarte allí por el momento.

5

Salud Y Planificación Médica

ENTRE LOS GASTOS más significativos durante la jubilación se encuentra la atención médica. En 2020, una pareja de 65 años que se jubila en 2020 puede esperar gastar $295,000 en facturas médicas y de atención médica. Esto no incluye el costo adicional anual de la atención a largo plazo, que, según el seguro de atención a largo plazo más conocido en Estados Unidos, fue de $105,852 en 2020 por una habitación privada en un centro de enfermería.

Muchos jubilados no están preparados emocional o financieramente para los gastos médicos elevados y costosos de la jubilación, a pesar de haber ahorrado y planificado para ello durante toda su vida laboral. Ya sea que recién estés comenzando en tu carrera, a punto de jubilarse o haciendo la transición fuera de la fuerza laboral, es fundamental planificar tu seguro médico y estar seguro.

.   .   .

La cantidad de dinero que ingresa cada mes, así como el costo total de tus gastos, determinarán tu presupuesto final para la jubilación. Solo el 51% de las personas de 60 años o más piensan que están en camino de cumplir sus objetivos de jubilación. El gasto mensual promedio para personas de 65 años o más es de $4,238. Sin embargo, para las personas que se jubilen a la plena edad de jubilación en 2021, el seguro social solo pagará un pago mensual máximo de $3,148, el monto máximo aumentará a $3,345 en 2022.

De hecho, es crucial tener en cuenta que la seguridad social solo pretende complementar el dinero de la jubilación: según la Administración de la Seguridad Social (SSA), la seguridad social reemplaza en promedio el 40% de los ingresos previos a la jubilación. Los ajustes anuales por costo de vida (COLAS) aumentan para mantenerse al día con los beneficios del efecto de la inflación también.

Sin embargo, el problema sigue siendo que, para cubrir los gastos médicos, lo más probable es que debas buscar fuera de la seguridad social. La cantidad de fondos de jubilación que debe establecer para la atención médica está determinada principalmente por tu edad y bienestar general.

Cuanto más sanos estemos a medida que nos acercamos a la jubilación, menos ingresos tendríamos para gastar en gastos médicos.

. . .

Por otro lado, un estilo de vida saludable conduce a una mayor esperanza de vida, por lo que los jubilados deben presupuestar para un período de jubilación más prolongado.

Los gastos de bienestar pueden consumir fácilmente una gran parte de un plan de jubilación. Calcular dichos gastos y diseñar una estrategia de gastos podría ayudarte a ahorrar mucho más de tus fondos de jubilación para otros fines.

Más allá de los ahorros para la jubilación

El aumento de los gastos de atención médica no debería agotar tus ahorros. Los prejubilados tienen la opción de establecer una red de seguridad de atención médica en dos direcciones.

- Cuenta de Ahorros para la Salud
- Seguro de Atención a Largo Plazo (HSA)

Seguro de cuidado a largo plazo

Este tipo de cobertura puede proporcionar un beneficio mensual para la atención a largo plazo durante un cierto período de tiempo (generalmente alrededor de dos a cinco años) o incluso por el resto de tu vida.

Las primas del seguro de atención a largo plazo podrían no haber sido asequibles para todos. Comprar una póliza de seguro de vida con la posibilidad de agregar una cláusula de seguro de atención a largo plazo es otra posibilidad. Esto ayuda a las personas más jóvenes a tener un punto de apoyo sólido en la planificación del cuidado a largo plazo, ya que cuanto antes se compre un seguro de vida o de cuidado a largo plazo, se espera que las tarifas sean más baratas.

Cuenta de Ahorro de Salud

Las HSAS (Cuentas de ahorro para la salud) son un método fantástico para ahorrar lo suficiente para gastos médicos en los años de jubilación. Esta solución, sin embargo, no es accesible para todos y también tiene limitaciones. Las cuentas de ahorro para la salud solo son accesibles para las personas que tienen pólizas de seguro de salud con deducible alto y ninguna otra cobertura. A partir de 2019, una póliza de seguro debe tener un deducible de al menos $1,350 para la cobertura individual y $2,700 para la cobertura familiar para ser llamado un plan con deducible alto.

Los servicios de atención preventiva no están sujetos a estos deducibles.

Las personas elegibles para algunos seguros médicos o que se reportan como dependientes en los impuestos de otra persona no son elegibles para las cuentas HSA. Los depósitos antes de impuestos se realizan en las cuentas para cubrir los gastos de atención médica que no están cubiertos por el seguro. Los fondos no utilizados en una HSA se traspasan año tras año. Las cuentas también son transferibles, lo que significa que lo seguirán, ya sea que cambies de trabajo o te jubiles.

Según la Secretaría de Salud, si tienes un plan de salud con deducible alto, puedes contribuir hasta $3,500 para la cobertura individual y hasta $7,000 para la cobertura familiar a una cuenta de ahorro en 2019. Puedes contribuir hasta $3,550 para la cobertura individual y $7,100 para la cobertura familiar en 2020. Según el Servicio de Impuestos Internos, si tienes 55 años al final del año fiscal, puedes aportar $1,000 adicionales a tu cuenta de ahorro para la salud.

Las personas que tienen HSA, y aquellas que están calificadas pero aún no han creado una, en realidad están perdiendo una forma brillante de ahorrar para la jubilación.

Es hora de que surja una nueva moda.

Uso de las cuentas de ahorro para la salud

. . .

Los retiros de una HSA para pagar gastos médicos elegibles están libres de impuestos. Esto ofrece a los inversionistas un beneficio significativo sobre IRAS y 401(k), que requieren que los pagos sean gravados. Pagaría una multa fiscal del 20% si tiene menos de 65 años y usa el efectivo para otros motivos. Mientras tanto, los retiros para otros usos están gravados como los retiros de esas otras cuentas de ahorro para la jubilación que califican, por ejemplo, 401 (k), si tienes más de 65 años.

El tratamiento dental y del oído son ejemplos de costos de salud calificados que no están cubiertos por la parte de ciertos seguros medicos. Ciertos planes avanzados brindan beneficios adicionales que no están disponibles a través de seguro básico, que incluyen cuidado de la vista, dental y auditivo. El dinero de la HSA también podría utilizarse para pagar primas de seguro de salud en particular, como las siguientes:

- Cobertura continua de atención médica.
- Al obtener una compensación por desempleo, puedes obtener un seguro de salud.
- Seguro de atención a largo plazo: si tienes más de 65 años, es posible que sea elegible para algún seguro médico y otros servicios de salud.

La eficiencia fiscal y HSAS van bastante bien.

. . .

Hay numerosas maneras de hacer que HSAS funcione para ti, incluso si todavía estás trabajando, preparándote para jubilarte. Ten en cuenta las siguientes formas en que puedes beneficiarte de HSAS:

Conoce la ventaja de los impuestos triples

La mayoría de los estadounidenses piensan que las HSA son un método para ahorrar lo suficiente para las facturas de salud actuales que no están cubiertas por el seguro. Sin embargo, si realmente puedes cubrir estos gastos de tu bolsillo, una HSA podría ser un fuerte impulsor de los fondos de jubilación debido a tu triple estado libre de impuestos.

A menudo, las personas contribuyen antes de impuestos a HSAS a través de los impuestos sobre la nómina en el trabajo, lo que les permite evitar los impuestos FICA sobre los pagos de atención médica. También puedes beneficiarte de la HSA fuera de tu empleo utilizando dinero después de impuestos, deduciendo posteriormente de tus propios impuestos.

Una HSA también puede adquirirse fuera del lugar de trabajo y financiarse con dinero después de impuestos, que la persona puede deducir posteriormente de sus propios impuestos.

. . .

Estas contribuciones son deducibles de impuestos y podrían usarse para compensar los gastos de salud elegibles presentes y futuros, incluso aquellos durante la jubilación.

Dado que las HSA se consideran una de las alternativas de ahorro más efectivas y libres de impuestos, las facturas actuales de atención médica se pueden pagar con otros activos personales contribuyendo en su totalidad. No uses una HSA si no se requiere esencialmente, haciéndolo verdaderamente beneficioso y compuesto para trabajar para ti. Para un potencial de crecimiento a largo plazo, considera poner una parte de su HSA en una opción de inversión que no sea en efectivo. Considera cómo HSAS puede ayudarte a ahorrar dinero en impuestos: ¿Cuándo deseas pagar impuestos sobre las ganancias y contribuciones de HSA?

¿Este día? ¿Después? ¿Y si dijera nunca? (Si lo estás utilizando para pagar los gastos de atención médica que califican). Claro, cualquiera puede usar su Roth IRA para pagar facturas médicas, pero tu ya has pagado el impuesto.

Reserva dinero solo para atención médica

Probablemente hayas ahorrado dinero en una cuenta de ahorros para la universidad 529 para el futuro de tu hijo. Es un tipo de cuenta que te permite apartar dinero para un cierto costo en el futuro.

Gran parte de tu dinero puede reservarse para objetivos financieros específicos, como un vehículo nuevo, un paquete de vacaciones inolvidable o una casa más grande. El objetivo de inversión tiene un marco de tiempo variado en cada escenario y, por lo tanto, debe abordarse de manera diferente.

Ten en cuenta los costos de atención médica. Es casi seguro que tendrás que pagar las operaciones médicas, los honorarios médicos, los medicamentos recetados y, posiblemente, incluso la atención domiciliaria o la atención en un asilo de ancianos en el futuro. Ningún organismo garantiza cuándo surgen estos gastos o incluso cuánto deberá pagar.

Construir un nido de ahorros expresamente diseñado para ayudar y cubrir futuros gastos de atención médica es una buena elección porque es casi seguro que tendrás que pagar facturas considerables de atención médica más adelante en la vida. Pero, ¿cuánto dinero debes ahorrar?

Según la estimación de costos de atención médica para jubilados, en 2021, una pareja promedio de jubilados de 65 años requerirá casi $300,000 en ahorros después de impuestos para pagar las facturas de atención médica.

Aunque es posible que no tengas una HSA, es una buena idea apartar algunos activos únicamente para cubrir los costos médicos. Uno de sus cinco costos principales en la jubilación seguramente será el cuidado de la salud.

Por lo tanto, para ayudar a pagar los gastos médicos previstos, considera destinar una parte de su 401(k) o IRAS (junto con tus posibles ganancias futuras). Has un buen uso del dinero de su HSA invirtiendo eso.

A pesar de que los gastos de bienestar siguen aumentando, realmente hay pasos que puedes tomar ahora para prepararte para una avalancha de gastos de atención médica cuando te jubiles. Sin embargo, debes comenzar a ahorrar de inmediato y poner esos fondos a trabajar invirtiendo.

Reserva parte de tu HSA en efectivo para pagar facturas médicas inmediatas e inviertas el resto para una posible apreciación libre de impuestos, así como para respaldar tus ahorros para la jubilación.

Es posible que tengas un saldo de cuenta lo suficientemente alto como para comenzar a invertir en fondos mutuos, acciones o bonos si has establecido una reserva de efectivo en tu HSA para cubrir gastos médicos a corto plazo, no planificados y elegibles y un deducible máximo de restricciones deducibles.

. . .

Todo lo que necesitas saber sobre Medicare

Para que te sientas cómodo y seguro al inscribirte en Medicare, responderemos algunas preguntas clave que puedas tener. Pero ten en cuenta que el gobierno federal ha realizado cambios en la cobertura de Medicare de acuerdo con la pandemia de 2020.

¿Qué es Medicare?

Las instituciones gubernamentales oficiales a cargo de Medicare son los Centros de Servicios de Medicare y Medicaid. Medicare es un programa de seguro de salud del gobierno que cubre a ciertos jóvenes con alguna discapacidad, personas de 65 años o más y personas que tienen enfermedad renal en etapa terminal (ESRD). Esta es una condición en la que los riñones están en falla permanente y requieren diálisis constante o un trasplante de riñón.

Algunos se sorprenderían al saber que Medicare solo apoya a individuos. No existe una póliza de cobertura familiar bajo Medicare, a diferencia de las pólizas de seguro de salud hasta los 65 años. Esto implica que tu cónyuge o hijos no serán aceptados bajo tu plan de Medicare, deberán inscribirse en Medicare por sus propios medios cada vez que estén listos.

. . .

Tienes siete meses para inscribirte/darte de alta en Medicare. Para las personas que se vuelven elegibles cuando cumplen 65 años, el período de 7 meses comienza tres meses antes y termina tres meses después de cumplir 65 años. Este es el momento en que puedes inscribirte por primera vez.

Para las personas mayores de 65 años que todavía están empleadas y poseen seguro médico a través de su empleo o el empleo de su cónyuge, Medicare ofrece un Período de inscripción especial. También puedes usar esta ventana si ocurren circunstancias de vida específicas, como mudarte o cancelar otro seguro de salud.

Podría tener una gran disparidad en su historial de seguro medio si pasa el Período de Inscripción Temprana y no vuelvas a ser apto para el periodo de Inscripción Especial.

Eventualmente terminarás esperando hasta que se reanude el Período de inscripción general en enero del año siguiente (Terminará en marzo).

Sin embargo, saltarte el Período de Inscripción Temprana te puede costar así: Si te inscribes entre enero y marzo, la cobertura no comenzará hasta julio del próximo año, y posiblemente se te impondrá una multa por inscripción tardía, que se agregara a tu cargo mensual.

. . .

¿Qué opciones ofrece Medicare?

Elegir la cobertura de seguro de salud mientras trabajaba en compañías anteriores era bastante simple antes de Medicare. Puedes elegir un plan único que cubra todos los medicamentos, citas médicas o requisitos médicos. Por otro lado, Medicare es un plan bastante único compuesto por varios componentes. Cada componente trata un tema separado.

Para hacer las cosas un poco menos confusas, cada sección tiene una variedad de alternativas en su interior. Echemos un vistazo a lo que tenemos.

Parte A - Seguro hospitalario

La Parte A de Medicare se desarrolló inicialmente en 1965 para ayudar a las personas mayores a administrar los altos gastos de hospitalización. Las visitas al hospital, los tratamientos y operaciones médicas específicas, la atención en un centro de enfermería especializada y el cuidado de hospicio están cubiertos en la Parte A.

Parte B - Seguro Médico

· · ·

La Parte B de Medicare paga las citas médicas y los servicios, la atención hospitalaria ambulatoria, las pruebas de laboratorio, las transfusiones de sangre, la terapia física y del habla, los suministros y equipos médicos y los servicios de emergencia, entre otras cosas. Medicare Original se refiere tanto a la Parte A como a la Parte B juntos.

Complemento de Medicare: Medigap

Medigap es un tipo de seguro de salud privado que, en última instancia, complementa a Medicare. Esto implica que apoya el pago de parte de los gastos de salud que no están cubiertos por el Medicare Original.

Esos gastos sobrantes se denominan "Vacíos" en la cobertura de Medicare. Medicare pagará tu parte de los gastos de atención médica cubiertos si tienes cobertura tanto de Medicare Original como de Medigap. Luego, tu póliza Medigap entra y paga tu parte.

Las partes A y B son provistas por el gobierno federal, mientras que las pólizas Medigap son provistas por compañías comerciales de seguros de salud. Hay muchos planes Medigap para elegir, todos los cuales cubren tratamientos no cubiertos por las Partes A y B.

· · ·

Cobertura de medicamentos recetados

Los medicamentos recetados no están cubiertos en los planes Original Medicare y Medigap. Por lo tanto, deberás comprar el plan de la Parte D o una póliza de ventajas de Medicare que lo haga. Sin embargo, si no te inscribes en un plan de la Parte D cuando eres elegible por primera vez, es posible que enfrentes sanciones financieras si lo haces más adelante. Es fundamental pensar qué planes de medicamentos recetados cubren los medicamentos recetados que necesitas, dónde los compra y con qué frecuencia los necesitas, independientemente de qué plan eliges.

Ventaja de Medicare

La Parte A, la Parte B y Medigap no están cubiertas por este plan. Medicare Advantage (comúnmente conocido como Medicare Parte C) es un plan de seguro de atención médica integral que incluye Medicare Original y cobertura de Medigap, así como también cobertura de medicamentos recetados de la Parte D, atención dental y tratamientos de la vista.

¿No es fantástico? Sin embargo, hay una trampa. Los "servicios dentro de la red" están cubiertos por los planes Medicare Advantage.

. . .

Cada plan Medicare Advantage colabora con una comunidad de médicos y otros proveedores de atención médica. A menudo, estos planes Medicare Advantage obligan a los beneficiarios a buscar tratamientos dentro de su comunidad, pero las políticas difieren.

Considera los médicos que ya visitas, tus requisitos de atención médica actuales (como medicamentos recetados) y si los médicos que ve actualmente estarán en el plan de Medicare que estás buscando mientras al comprar un plan Medicare Advantage, ¿Te molestarás en cambiar de médico si no están dentro de la red?

Elegir el plan adecuado para ti

Para determinar qué plan de Medicare es el mejor posible para ti, siempre será un buen lugar para comenzar revisando el seguro que tiene actualmente de tu proveedor de atención médica actual. ¿Qué podría mantener y en qué terminaría cambiando? Simplifica tus posibilidades haciéndote las siguientes preguntas:

1 ¿Qué ventajas requiero? (Puedes ahorrar dólares si no compras el seguro por los beneficios que estás dispuesto a pagar de tu bolsillo).

2. ¿Me gustaría poder elegir mi propio médico y proveedores de atención médica?

3. ¿Cuánto dinero puedes gastar en seguros (primas) y cuidado de la salud?

4. ¿Cuáles son los costos de cada plan en comparación con otros planes con beneficios similares?

5. ¿Hay cobertura para mi escenario específico en el plan? (Si planeas viajar, pagar emergencias fuera de tu estado o nación puede ser necesario)

La oficina local de SHIP debe ayudarte a comparar los beneficios y precios de los planes Medigap y Medicare Advantage en tu estado.

Nunca pases por alto el costo de la atención médica

Al estimar tus gastos de jubilación, muchos jubilados y personas que están a punto de abandonar la fuerza laboral se niegan a incluir atención médica. ¿Por qué sucede esto?

La mayor parte del costo (generalmente alrededor del 75 %) lo cubre tu empleador, mientras que el costo residual (probablemente más del 20-30 %) se deduce de tu salario. Ellos creen que necesitan exactamente la misma sin embargo, como lo hacen hoy en día, pasan por alto el hecho de que serían responsables de las primas del seguro de salud además de los gastos de bolsillo.

Pagarás el monto de la prima habitual más un Nivel de ajuste mensual relacionado con los ingresos si tu ingreso bruto ajustado modificado (MAGI) registrado en tu declaración de impuestos del IRS de hace dos años supera una porción específica (IRMAA). IRMAA parece ser un cargo que se aplica a la prima de tu seguro.

Peor de los casos

Una calculadora predijo que las primas totales y los pagos de bolsillo para un hombre de 65 años serían de alrededor de $4,500 por año. Eso indica que si no has presupuestado $375 al mes para gastos de atención médica, tendrás poco dinero. También se anticipó que tales gastos de salud aumentarán a casi el doble de la tasa de inflación, lo que implica que $375 por mes en la jubilación podría estar más cerca de $675 por mes 10 años después (usando una tasa de inflación del 6%). Deberás multiplicar esas cifras por dos para una pareja casada. Doloroso.

6

Seguros Y Coberturas De Jubilación

ESTE GLOBO PUEDE SER un lugar peligroso e impredecible.

Las personas pueden verse afectadas por una variedad de desastres, y nosotros, como especie, hemos sobrevivido gracias a la experiencia y las capacidades compartidas por todos, y la explosión tecnológica del siglo pasado se basa en esfuerzos acumulativos. Una idea maravillosa sería una técnica para mitigar el riesgo en un grupo, dispersando el riesgo entre los miembros para que ninguna de las partes se quede sola con la carga. El mecanismo en cuestión es el seguro.

El seguro es un sistema en el que el asegurador se compromete a indemnizar al asegurado o a prestar servicios al asegurado en el caso de ciertos eventos inesperados que resulten en pérdidas durante un período de tiempo a cambio de una tarifa que normalmente se acuerda de antemano.

Como resultado, es una estrategia para hacer frente al riesgo. Su objetivo principal es reemplazar la ambigüedad por la certeza en términos del costo económico de las ocurrencias que producen pérdidas.

El seguro implica recaudar fondos de una serie de empresas aseguradas (denominadas exposiciones) para cubrir las pérdidas sufridas por unas pocas. Las empresas aseguradas quedan así protegidas contra el riesgo a cambio de un coste, que viene determinado por la gravedad y frecuencia del siniestro. El riesgo asegurado debe tener unas cualidades específicas para ser asegurable. El seguro es solo un intermediario financiero y, de hecho, es una industria próspera y un elemento importante del sector financiero, pero las personas y las empresas también pueden autoasegurarse reservando dinero para cubrir cualquier consecuencia imprevisible en el futuro.

El seguro puede tener una variedad de consecuencias sociales dependiendo de quién enfrenta los gastos de daños y pérdidas. Por lo tanto, tiene el potencial de promover el fraude; por otro lado, tiene el potencial de ayudar a las comunidades y personas a prepararse para los desastres y mitigar las consecuencias de los desastres tanto en las familias como en la sociedad.

El fraude de seguros, los riesgos morales y las medidas preventivas tomadas por la compañía de seguros pueden afectar la probabilidad de pérdidas. Riesgo moral es un término utilizado por los investigadores de seguros para describir el mayor riesgo causado por negligencia involuntaria, mientras que el fraude de seguros es un término utilizado para describir el mayor riesgo causado por imprudencia o desprecio intencional.

Gran parte de la información nerd que has asimilado con solo leer estos párrafos no es para hacer que el tema sea más aburrido; entremos directamente en el asunto y veamos cómo se puede demostrar que el seguro es ventajoso para tu jubilación.

¿Es el seguro de vida una necesidad?

Sin duda, has tenido un seguro de vida durante la mayor parte de tu edad adulta. Es posible que no lo hayas pensado dos veces si tu empresa te incluyera en su salario y beneficios. Eras consciente de que existía, aunque no entendías mucho al respecto. Alternativamente, si tú eres padre, es muy posible que hayas tomado un plan como parte de un presupuesto inteligente.

Sin embargo, actualmente estás en camino a los ahorros o quizás ya te hayas jubilado. Tu trabajo ya no paga el seguro de vida, por lo que debes determinar si cambia de póliza o pasa solo por tus años dorados. ¿Cuál sería la mejor opción?

¿No estás harto de escuchar que no hay una solución simple? Esto se debe al hecho de que tu situación financiera y cuentas de inversión, así como tus necesidades, son distintas a las de tus colegas o familiares. Lo que es realmente aceptable para alguien puede no ser satisfactorio para ti.

¿Qué papel juega el seguro de vida?

La mayoría de las familias utilizan casi la totalidad de sus ingresos en el estilo de vida y su mantenimiento antes de jubilarse. Cuando un par de personas trabajan, por lo general se requieren ambos ingresos para mantener a flote la calidad de vida de la familia. Lo mismo sería aplicable si sólo trabajara una persona. Cuando una de esas fuentes de ingresos expira, la familia puede encontrarse en dificultades financieras en las situaciones más inconvenientes.

El propósito de la cobertura de seguro es proteger a tu hogar de perder dinero si tú u otra fuente de ingresos principal muere repentinamente. Como cualquier otra cosa, el seguro también implica múltiples tipos dentro de sí mismo.

El seguro de vida permanente, a menudo conocido como seguro de valor en efectivo, es un tipo de seguro de vida que se usa con frecuencia en la planificación patrimonial. Está disponible en dos variedades: vida universal y vida entera.

El seguro de vida a término lo cubre por un período de tiempo específico, generalmente de 10 a 30 años. Las siguientes son algunas consideraciones que pueden ayudarte a determinar lo que necesitas.

Fuentes adicionales de ingresos

Con el propósito central de la cobertura de seguro, uno podría tener un concepto justo de su necesidad de protección continua. Tal vez en el nivel más simple, probablemente no lo necesites si te jubilaste y no estás trabajando para ganarte la vida decentemente. Realmente no hay ganancias para sustituir si estás sobreviviendo de la seguridad social y de tus fondos de jubilación.

Después de que fallezcas, tu familia seguirá recibiendo pagos de tus fondos de jubilación, así como un beneficio de sobreviviente del seguro social. Sin embargo, tu beneficio de sobreviviente variará dependiendo de circunstancias específicas, y será menos de lo que proporcionaba el seguro social cuando vivía. Antes de obtener un seguro de vida, asegúrate de comprender tu beneficio.

- Deudas

En un mundo ideal, estarás libre de deudas cuando te jubiles, pero esta no siempre es la realidad.

En realidad, según una investigación de 2018, el 46 % de los propietarios de viviendas de 65 años o más todavía tenían una hipoteca, y el 32 % de los mayores de 70 años aún realizaban pagos en 2019. Se espera que la deuda de préstamos estudiantiles se vuelva más preocupante para jubilados en el futuro. La deuda de los préstamos escolares de las personas mayores ha aumentado un 71,5% en los últimos cinco años, ya sea debido a las deudas sobrantes o a la firma conjunta de préstamos para hijos o nietos.

Si todavía estás endeudado, los expertos creen que es una buena idea mantener activa tu póliza de seguro de vida. A menos que los pagos de la deuda representen una proporción tan pequeña de su riqueza total que no haya posibilidad de dificultades financieras, elige la estrategia de "más vale prevenir que curar".

¿Es la familia autosuficiente?

Si tus hijos han dejado el nido y están estableciendo tus propios hogares, además de que tu cónyuge tiene seguridad financiera, es probable que no necesites cobertura de seguro.

Pero por otro lado, si tienes hijos discapacitados o hijos que todavía viven en casa, quizás prefieras conservarlo.

. . .

Además, si tu cónyuge va a perder una parte significativa de tus beneficios de pensión y tal vez otros ingresos mensuales, el seguro de vida podría servir como reemplazo para ese vacío.

- ¿Es beneficioso para su patrimonio?

Varias personas con mucho dinero podrían beneficiarse de un seguro de vida de manera estratégica, como para cubrir los impuestos de sucesiones. Puede usarse para pagar deuda corporativa, acuerdos de compra-venta de bienes, fondos, negocio, o incluso financiar planes de jubilación.

Como es de esperar, determinar cómo emplear el seguro de vida como un aspecto fiscalmente eficiente de tu plan patrimonial es una tarea difícil. Necesitarías la ayuda de un abogado de planificación patrimonial. Ten en cuenta que es poco probable que se apliquen cuestiones relacionadas con el impuesto sobre el patrimonio a menos que tu patrimonio tenga un valor neto de miles de dólares. Como resultado, es posible que ni siquiera necesites un seguro de vida por este motivo, aunque deberías consultar a un experto para estar seguro.

Puede parecer contradictorio renunciar a un seguro de vida después de tanto tiempo; sin embargo, el hecho es que ya no lo necesitarías.

. . .

Si no tienes ingresos que sustituir, casi no tienes deudas, tienes un hogar autosuficiente y no tienes preocupaciones costosas sobre la liquidación de tu propiedad, es posible que puedas cancelar esa cobertura. En términos de planificación patrimonial, es posible que necesites un tipo diferente de póliza o revisiones importantes de la actual.

Ese sería un excelente problema para un asesor financiero de cargos por servicio o un asesor de seguros para una respuesta. Ten cuidado de simplemente pedir consejo a tu representante de seguros. Dado que con frecuencia se les paga a comisión, pueden tener un incentivo para mantenerte en el seguro incluso si no lo necesitas.

Tipos de Seguro de Vida

Hay varias formas diferentes de seguro de vida para adaptarse a una variedad de necesidades y gustos. La decisión clave de obtener un seguro de vida temporal o permanente es esencial para considerar en función de las necesidades a corto o largo plazo del asegurado.

Seguro de término de vida

El seguro de vida a término se extiende por un período específico antes de vencer.

Cuando compras un seguro, puedes seleccionar el término. Los términos más utilizados son 10, 20 y 30 años.

Los mejores planes de seguro de vida a término logran un compromiso entre el costo y la viabilidad financiera a largo plazo.

- Un tipo de seguro de vida a término renovable en el que la cobertura disminuye en una taza durante la vida de la póliza es el Seguro de Vida a Plazo Decreciente.
- Permitir a los asegurados cambiar un término póliza de seguro permanente es el Seguro de Vida a Término Convertible.
- Proporcionar una cotización para el año en que la póliza es comprada es un seguro de vida a término renovable. El aumento de las primas anualmente, este tipo es generalmente el menos costoso al principio.

Seguro de Vida Permanente

Solo si el titular de la póliza se niega a pagar las primas o se retracta de la póliza, el seguro de vida permanente permanece vigente por el resto de la vida del asegurado. Por lo general, es más costoso que un préstamo a plazo.

•   •   •

Este tipo implica otros tipos dentro de sí mismo, como se analiza a continuación:

Vida Entera: Este es el tipo de seguro que acumula efectivo con el tiempo. Permitir que el titular de la póliza utilice el efectivo según sus necesidades, esto podría resultar beneficioso.

Vida Universal: La vida universal es una forma de seguro de vida permanente con una característica de valor en efectivo que genera intereses y primas variables. Además del seguro de vida a término y de vida entera, las primas se pueden cambiar a lo largo de los años y el seguro de vida se puede establecer en una cantidad fija o aumentar con el tiempo.

Universal indexado: el componente de valor en efectivo de esta forma de seguro de vida universal permite que el asegurado reciba una tasa de retorno fija o indexada a acciones.

Variable Universal: El titular de la póliza puede invertir el valor en efectivo de su póliza de seguro de vida universal variable en una cuenta diferente si hay una disponible.

También ofrece primas ajustables y se puede personalizar para proporcionar un beneficio por fallecimiento fijo o creciente.

El seguro de costo final, también conocido como seguro de entierro, es una forma de seguro de vida permanente con un valor de muerte bajo. Los beneficiarios pueden utilizar el beneficio por muerte de la forma que deseen, independientemente de los nombres.

Término vs. Seguro de Vida Permanente

En varios aspectos, el seguro de vida a término se distingue del seguro de vida permanente, pero tiende a satisfacer las necesidades de la mayoría de las personas. El seguro de vida a término solo es bueno por un período de tiempo fijo y paga un beneficio por muerte si el asegurado muere justo antes de que expire el plazo.

Mientras el asegurado pague las primas, está vigente el seguro de vida permanente. Otra distinción importante son las primas: el seguro de vida a término suele ser significativamente menos costoso que el seguro de vida permanente, ya que no necesita la acumulación de valor financiero.

No solicites un seguro de vida a menos que evalúes tu posición financiera y calcules cuánto ingreso se necesita para mantener el nivel de vida de tus dependientes o para satisfacer el requisito para el cual estás adquiriendo una póliza.

. . .

Si tu eres el cuidador principal de niños de dos y cuatro años, por ejemplo, necesitarás un seguro adecuado para cumplir con tus deberes de custodia hasta que tus hijos tengan la edad suficiente para mantenerse. Podrías calcular cuánto costaría contratar a un ama de llaves y una niñera en lugar de usar una empresa de cuidado de niños y una empresa de limpieza, y luego agregar algo de dinero para la educación.

En la estimación de tu seguro de vida, ten en cuenta las hipotecas pendientes y los gastos de jubilación para tu esposo. Particularmente si uno de los cónyuges tiene ingresos más bajos o es un padre desempleado. Si puedes manejarlo, suma estas tarifas durante los próximos 16 años más o menos, más la inflación, y ese es el seguro premium que podrías desear comprar..

¿Cuánto seguro de vida debes comprar?

El gasto de las primas de seguro de vida está influenciado por una variedad de factores. A veces, los factores parecen estar más allá de tu disposición, pero siempre puedes regular otros parámetros para reducir el precio antes de inscribirte.

Si tu bienestar ha mejorado pero también has realizado ajustes decentes en tu estilo de vida desde que fuiste aceptado para una póliza de seguro, puedes solicitar que te evalúen para un cambio de clase de riesgo. Tus tarifas no aumentarán incluso si se descubre que tu salud es peor de lo que era en el momento de la suscripción. Debes anticipar que tus primas bajarán si se considera que gozas de mejor salud.

Desglosemos el procedimiento en unos pocos pasos:

Paso 1: averigüa cuánto necesitarás

Considera qué gastos tendrías que cubrir si fallecieras. Hipotecas, cuotas universitarias y otros préstamos, sin mencionar los costos de entierro, son todos ejemplos. Además, si tu cónyuge o tus seres queridos necesitan un flujo de ingresos y no pueden hacerlo por sí mismos, el reemplazo de ingresos es fundamental. Existen calculadoras de Internet que pueden ayudar a calcular el pago global que cubrirás cualquier posible cargo.

Paso 2: preparación de la solicitud

Debes averiguar las cosas que afectarán el costo y las primas de tu seguro de vida. Los factores que más afectan la póliza de seguro son:

· · ·

Edad: La esperanza de vida es el principal factor determinante del riesgo para cualquier póliza de seguro.

Género: Las mujeres tienden a pagar tarifas más bajas por las primas ya que tienen una expectativa estadística de vida más larga.

Bienestar: El análisis médico es necesario para la mayoría de las pólizas. Sus pruebas incluyen la detección de diabetes, enfermedades cardíacas, cáncer y otras afecciones médicas que pueden desarrollarse con el tiempo.

Tabaquismo: Un fumador está en riesgo de una variedad de problemas de salud que pueden acortar la vida y aumentar las primas basadas en el riesgo.

Historial médico: Podría ser un importante inconveniente si tienes antecedentes médicos de posibles enfermedades. El riesgo de desarrollar o contraer ciertas condiciones se vuelve mucho mayor.

Registro de conducción: Los precios de los seguros podrían dispararse si tienes un historial de tráfico de infracciones o conducir en estado de ebriedad.

. . .

Estilo de vida: las primas pueden aumentar si se vive un estilo de vida destructivo.

Los antecedentes médicos familiares, así como la información del beneficiario, generalmente se requieren en las solicitudes de seguro de vida. Es casi seguro que tendrás que someterte a un examen médico y declarar cualquier trastorno médico preexistente, multas de tráfico o DUI, así como cualquier actividad de riesgo como deportes de motor o parapente.

Se requerirán tipos de identificación estándar, como su tarjeta de seguro social, pasaporte de Estados Unidos o licencia de conducir, antes de redactar una póliza.

Paso 3: Comparaciones de cotizaciones de seguros

Una vez que hayas recopilado todos los datos que necesitarás, puedes obtener numerosas cotizaciones de varios proveedores según tu búsqueda. Los precios pueden variar significativamente de un negocio a otro, sin embargo, es crucial comparar precios para obtener la mejor póliza, calificación comercial y precio superior. Dado que pagarás un seguro de vida periódicamente durante años, encontrar la cobertura adecuada para satisfacer tus necesidades puede ahorrarte una buena cantidad de dinero.

. . .

Beneficios del Seguro de Vida

Existen ciertas ventajas de poseer una cobertura de seguro. Aquí se analizan los beneficios más esenciales y las garantías que brindan los planes de seguro de vida. La mayoría de las personas compran un seguro de vida con el fin de proporcionar ingresos a los dependientes que estarían en desventaja financiera si el asegurado falleciera. Los beneficios fiscales del seguro de vida, como el desarrollo del valor en dólares con impuestos diferidos, los beneficios por fallecimiento libres de impuestos y los dividendos libres de impuestos, pueden brindar opciones estratégicas adicionales para las personas acaudaladas.

Eludiendo impuestos, la recompensa por fatalidad de una póliza de seguro de vida generalmente está libre de impuestos. Las personas con altos ingresos pueden obtener un seguro de vida perpetuo a través de un fideicomiso para facilitar el pago de impuestos sobre el patrimonio cuando fallezcan. Este método ayuda a preservar el valor del patrimonio para sus sucesores. La elusión fiscal se diferencia de la evasión fiscal, que es ilegal, en que es un enfoque respetuoso de la ley para reducir la carga fiscal.

Antes de comprar un seguro

• • •

Dado que los planes de seguro de vida son una inversión y un compromiso tan grandes, es vital llevar a cabo una debida diligencia exhaustiva para asegurarse de que la empresa que elija tenga un historial probado y estabilidad financiera, especialmente considerando que es posible que tu familia no obtenga un beneficio por fallecimiento durante años.

El seguro de vida podría ser un instrumento financiero inteligente para cubrir sus posibilidades y brindar seguridad a los miembros de su familia si fallece mientras la póliza está activa. Sin embargo, parece haber momentos en los que parece ilógico, como cuando compras demasiado y aseguras a personas que realmente no necesitan que se reemplacen sus ingresos. Como resultado, es fundamental pensar en lo siguiente:

¿Qué obligaciones no podrías cubrir si murieras? Si tu pareja se gana bien la vida y ni siquiera tiene hijos, esto podría no ser necesario. Seguirá siendo crucial pensar en el impacto de su fallecimiento que afectará a su cónyuge, así como cuánta ayuda financiera necesitarían para hacer el duelo sin tener que preocuparse por volver a trabajar hasta que estén preparados.

Cuando se requieren los ingresos de ambos socios para mantener un estilo de vida actual o satisfacer obligaciones financieras, cada socio puede requerir cobertura de seguro de vida individual.

Si estás obteniendo una póliza de seguro de vida para un miembro de la familia, debes preguntarte: "¿Qué es lo que estoy tratando de asegurar?" Las personas mayores y los niños no tienen mucho dinero para reemplazar, sin embargo, es posible que sea necesario cubrir los costos del funeral en caso de que fallezcan. Un padre puede desear salvaguardar el futuro seguro a término de tu hijo obteniendo un seguro de tamaño moderado mientras son jóvenes, además de los costos de entierro. Esto permite que el padre se asegure de que la futura familia de su hijo esté financieramente segura.

¿Es posible obtener una mayor rentabilidad del dinero gastado en primas de seguros perpetuos durante la duración de una póliza? Si no es necesario reemplazar un ingreso sustancial o si los rendimientos de la inversión de la póliza sobre el valor en efectivo son excesivamente cautelosos, el ahorro y la inversión constantes, por ejemplo, el autoseguro, podrían tener más sentido en algunas situaciones como un amortiguador contra la imprevisibilidad.

7

Escribiendo Tu Testamento

CASI TODOS NOSOTROS estamos familiarizados con lo que es un testamento y por qué se usa. Sin embargo, en este capítulo, intentaremos dibujar una imagen de los puntos más destacados de un testamento y por qué necesita uno en su jubilación. Para tener una idea aproximada, se piensa que un testamento es algún tipo de documento legal que se redacta para la distribución de sus bienes o bienes.

Echemos un vistazo más profundo a lo que realmente es un testamento y cómo puede ayudarte. Un testamento es un documento legal que expresa tus deseos para la división de tus bienes y la protección de los hijos menores de edad. Es posible que esos deseos ni siquiera se cumplan si muere sin un testamento. Además, tus beneficiarios pueden terminar gastando más tiempo, riqueza y compromiso mental resolviendo tus asuntos después de tu muerte.

. . .

Los testamentos difieren en eficacia según el tipo, pero aún así, es probable que ningún documento negocie cada dificultad que surja después de su muerte. La falta de voluntad para hacer un testamento generalmente significa que los tribunales o los funcionarios estatales toman decisiones sobre su propiedad, lo que puede provocar problemas familiares.

Cualquiera puede escribir un testamento legítimo por su cuenta, pero debe obtener el documento como testigo para reducir la posibilidad de futuros desafíos potenciales. Piensa en hacer que tu testamento sea creado por un abogado de fideicomisos y sucesiones para asegurarte de que todo esté en orden.

¿Por qué es necesario un testamento?

Muchas personas creen que los testamentos solo son necesarios para los muy ricos o aquellos con propiedades complejas. No obstante, existen otras razones convincentes para tener una voluntad fuerte, que pueden incluir:

- Especificar quién reclama sus bienes. Tienes autoridad sobre quién recibe qué parte y cuánto.
- Protección de tu propiedad de ciertos parientes separados (quienes pueden estar mirando tu propiedad demasiado bien).

- Decidir quién será el tutor de tus hijos. Aunque los tribunales pueden decidir esto si no se menciona a nadie.
- Permitir que tus herederos tengan un acceso más rápido por medios simples a tu patrimonio.
- Hacer arreglos para ahorrar dinero en impuestos para tus herederos. También podrías hacer contribuciones a obras de caridad y donaciones para compensar el impuesto al patrimonio.

Lo mejor es tener un testigo

Prepara un testamento para aumentar la posibilidad de que se lleven a cabo tus preferencias. Es el tipo de testamento más popular, tu redactas el documento y luego lo firmas en presencia de un testigo. Sin duda, es el mejor seguro contra objeciones efectivas a sus preferencias por parte de familiares sobrevivientes o conocidos profesionales. Puedes redactar uno personalmente, pero para mayor seguridad, obtén el escrito por un abogado de sucesión en el que tú confías.

Otros tipos de testamentos

Aunque un testamento testamentario es probablemente tu mejor oportunidad, se reconocen otras formas de testamento en diversos grados. Conociéndolos todos, podrás decidir cuál es el más adecuado para ti.

- Testamentos ológrafos

Los testamentos puestos por escrito por el testador que no han sido testificados se denominan testamentos ológrafos, que se derivan de la definición secundaria menos frecuente de la palabra ológrafo. Se refiere a un documento escrito por su creador. Estos testamentos se utilizan con frecuencia cuando el tiempo es limitado y los testigos presenciales no están disponibles, como cuando el testador se ve atrapado en una catástrofe que pone en peligro la vida.

Muchas naciones, sin embargo, no aceptan testamentos holográficos. En los lugares donde los papeles son legales, el testamento debe cumplir con requisitos mínimos, como prueba de que el testador lo creó y tenía la capacidad mental para hacerlo. Además, la falta de testigos conduce con frecuencia a objeciones a la legalidad del testamento.

- Testamentos Orales

Se puede entender que estos testamentos por nombre implican hablar solo. El testador expresa sus deseos frente a los testigos. Desafortunadamente, muchos tribunales no aceptan tales testamentos, ya que carecen de un registro escrito.

• Testamentos indirectos

Se utilizará un vertido en combinación con la creación de un fideicomiso dentro del cual se transferirá la propiedad.

• Testamentos Mutuos

Este tipo de testamento generalmente es redactado por parejas casadas en cumplimiento de sus deseos y deseos combinados. Cuando uno de los socios fallece, el otro está obligado a cumplir con el testamento redactado.

Por lo general, se considera que los testamentos mutuos garantizan que los bienes del difunto pertenecen a los herederos del difunto en lugar de a un nuevo cónyuge. Debido a las variaciones estatales en la ley de contratos, se debe preparar un testamento mutuo con la asistencia de un abogado. Un testamento mutuo no debe confundirse con un testamento conjunto, a pesar de que las frases parecen similares.

Propósito de un testamento

Un testamento te permite especificar cómo deben distribuirse tus bienes, como bienes raíces, cuentas bancarias o cosas valiosas.

. . .

Si eres dueño de una empresa o tienes inversiones, tu testamento puede estipular quién las recibe y cuándo.

También puedes asignar activos a una organización benéfica (o organizaciones benéficas) de tu elección a través de un testamento. Del mismo modo, si deseas transferir activos a una determinada organización o grupo, un testamento ayuda a garantizar que se cumplan tus deseos.

Aunque los testamentos normalmente protegen la mayor parte de tu propiedad, no la cubren toda. Los pagos de la póliza de seguro de vida del testador se encuentran entre las omisiones. Los beneficiarios del seguro obtendrán los fondos ya que fueron nombrados en el plan. Lo mismo sería probablemente cierto para cualquier cuenta de inversión etiquetada como "transferencia al pasar".

Parece haber una excepción importante: si los destinatarios de esos recursos fallecieron antes que el testador, el plan o cuenta revierte a la propiedad y se divide según los contextos de un testamento o, en su defecto, por un tribunal superior de la rama del poder judicial que se ocupa de testamentos, sucesiones y asuntos relacionados.

La mayoría de los estados tienen leyes electivas de propiedad comunitaria o participación que hacen que sea ilegal desheredar al cónyuge.

Un tribunal puede anular un testamento si distribuye una cantidad menor de dichos bienes al cónyuge sobreviviente de lo que exige la ley estatal, que suele ser entre el 30% y el 50%.

Un testamento no solo dirige tus posesiones, sino que también especifica quién debe ser designado como tutor de tus hijos pequeños en caso de tu muerte.

¿Qué pasa si no tienes uno?

Si falleces sin testamento, el estado controla la distribución de tus bienes, que normalmente asignará utilizando una fórmula predeterminada.

Debido a las obvias leyes de participación electiva y propiedad comunitaria mencionadas anteriormente, la fórmula tiende a dar como resultado que la mitad de tu herencia pase a tu cónyuge y la otra mitad pase a tus hijos.

En tal caso, la casa de la familia u otros activos pueden venderse, lo que puede tener un impacto perjudicial en un cónyuge sobreviviente que puede haber dependido de la mayor parte de sus activos para mantener su nivel de vida.

· · ·

Si tus hijos son pequeños, el tribunal puede designar a un representante para que se ocupe de sus inquietudes. Morir sin un testamento también puede tener implicaciones fiscales porque un testamento correctamente diseñado puede reducir las obligaciones tributarias sobre el patrimonio. Los patrimonios individuales valorados en $11,700,000 o más deben presentar una declaración de impuestos sobre el patrimonio de los Estados Unidos antes de 2021. Si el valor del patrimonio es inferior a esa cantidad, no se requiere impuesto federal sobre el patrimonio.

Comienza a preparar tu testamento

Para comenzar a preparar un testamento, haz una lista de tus posesiones y obligaciones. Incluye los artículos de reliquias familiares, cajas de seguridad y cualquier otra propiedad que desees traspasar a una persona o empresa específica.

Si deseas dar ciertos bienes personales a ciertos herederos, haz una lista de esas asignaciones para incluirlas en tu testamento más adelante. Además, puedes elegir los destinatarios de ciertos artículos en un papel separado conocido como carta de instrucción, que se mantendría con el testamento.

No obstante, si sólo incluye instrucciones dentro de esta carta, asegúrate de que el documento sea legalmente aplicable en tu estado, algunos estados no las aceptan.

La carta de instrucciones puede redactarse de una manera algo más informal que el testamento. También puedes incluir información que puede ayudar a tu albacea a liquidar tu propiedad, como información de cuenta, contraseñas e incluso instrucciones para el funeral. Los demás serán apéndices, como una directiva médica, un poder notarial o un testamento en vida, que pueden regir cómo se manejan los asuntos de una persona si demuestra ser física o mentalmente incompetente.

Si tanto tú como tu pareja carecen de fuerza de voluntad, es posible que se vean obligados a crear un solo documento que los cubra a ambos. Lucha contra la tentación. Los planificadores de patrimonio desaconsejan casi universalmente los testamentos conjuntos, y algunos estados ni siquiera los reconocen. Los testamentos independientes tienen más sentido, aunque el tuyo y el de tu cónyuge pueden terminar pareciendo asombrosamente idénticos. (Como se indicó anteriormente, un testamento conjunto no es lo mismo que un testamento mutuo).

¿Cómo escribir un testamento y validarlo?

Es posible que un testamento adecuado no siempre requiera la asistencia de expertos.

Muchas herramientas de software, así como otros sitios web de bricolaje, pueden ayudarte si deseas encargarte del trabajo por tu cuenta. Una vez que hayas completado el papeleo, debes ser atestiguado por dos personas mentalmente competentes y familiarizadas contigo.

Un testigo de tu testamento puede ser cualquiera, pero es ideal elegir un testigo imparcial, alguien que nunca haya sido un beneficiario y que no tenga ningún interés personal o financiero en tus decisiones. En ciertos estados, se requieren dos o incluso más testigos. Si el testamento fue escrito por un abogado, no será uno de los testigos.

Un testamento debe ser validado en algunos lugares, así que verifica los requisitos donde resides. Aunque no es necesario, es posible que desees que tus testigos firmen una declaración jurada de autocomprobación. El documento, que debe ser firmado en presencia de un notario, puede acelerar el procedimiento de sucesión al disminuir el número de testigos que deben comparecer ante el tribunal para verificar sus firmas y la validez del testamento.

Elección del albacea de tu testamento

El albacea de la sucesión debe ser alguien que todavía esté vivo.

·   ·   ·

La propiedad es administrada por esa persona, que suele ser un cónyuge, un hijo mayor o quizás otro pariente o amigo de confianza. También se pueden nominar albaceas mancomunados, como tú cónyuge o socio y tu abogado.

Con frecuencia, el albacea es supervisado por el tribunal testamentario para asegurarse de que se cumplan los deseos del testamento. Si tus intereses son complejos y difíciles, es posible que desees designar a un abogado o a alguien con conocimientos financieros y legales.

Sí tu propiedad es grande (principalmente en millones de dólares) o tu posición es legalmente complicada, contratar a un profesional es una buena idea. Si ese es el caso, asegúrate de consultar con alguien que conozca las leyes de tu área y tenga mucha experiencia en la elaboración de testamentos.

La organización de abogados de tu estado podría ayudarte a encontrar un abogado adecuado.

Facultar a tu albacea para que pague tus pagos y trate con los cobradores de deudas es una de las cosas más importantes que tu testamento puede lograr. Asegúrate de que la redacción de tu testamento prevea esto y que tu albacea tenga la autoridad para tratar cualquier inquietud que no esté claramente abordada en tu testamento.

· · ·

Guardar la voluntad

Antes de que un tribunal de sucesiones pueda procesar tu propiedad, normalmente quiere tener acceso a tu testamento inicial. Sin embargo, es fundamental preservar el documento de forma segura mientras das acceso a él. Evita depositar dinero en una caja de seguridad bancaria o en otro lugar donde tus familiares puedan requerir una sentencia judicial para tener acceso a él. Una caja fuerte para el hogar que sea resistente al agua y al fuego es una opción inteligente.

Finalmente, como mínimo, dile a tu albacea dónde se guarda el testamento genuino, así como cualquier otra información pertinente, como la llave de la caja fuerte. También es una buena idea entregar copias firmadas al albacea y, si tienes uno, a tu abogado. Si se pierde el original, los duplicados firmados podrían usarse para probar sus intenciones.

La pérdida de un testamento original, por otro lado, podría complicar las cosas y no hay garantía de que tu patrimonio se resuelva como tu deseas. Como precaución, guarda el documento en un lugar seguro.

Cambiar un testamento

. . .

Es posible que nunca tengas que revisar tu testamento.

También puedes optar por actualizarlo regularmente. Ten en cuenta que la única copia de tu testamento que cuenta es la que está vigente y es válida en el momento de tu fallecimiento.

Una regla general razonable es actualizar tu testamento cada dos o tres años, así como durante eventos significativos de la vida. La boda, la separación o el nacimiento de un hijo son ejemplos de tales hechos. Una vez que hayan llegado a la edad adulta, es poco probable que tus hijos necesiten tutores enumerados en un testamento.

Es simple modificar tu testamento. Puedes reemplazar el testamento existente por uno nuevo o agregarle un codicilo, que es un tipo de modificación. Dado que los codicilos son tan importantes y pueden enmendar todo el testamento, normalmente se hace que dos testigos los firmen, tal como estaban cuando se escribió el testamento original. Sin embargo, varias jurisdicciones han flexibilizado las restricciones legales sobre los codicilos, permitiéndoles certificarse en un registrador común.

Preferiblemente, debes hacer cualquier ajuste mientras tengas una excelente salud y mentalidad.

. . .

Esto reduce el riesgo de que tus deseos sean impugnados por completo y evita juicios apresurados o emocionalmente cargados.

Testamento vital

El testamento en vida es similar al testamento general, sin embargo, este tipo involucra tus deseos y preferencias médicas. Un testamento en vida es una estrategia de planificación que le otorga autoridad sobre las opciones de atención médica si te enfermas gravemente o llegas al final de tu vida.

Informa a las personas si desean emplear terapias para prolongar la vida, como sondas de alimentación y máquinas de respiración. Un testamento en vida se combina con frecuencia con un poder notarial médico duradero para formar un resumen. Los formularios de testamento en vida se pueden encontrar en una variedad de lugares, incluso en línea y en centros médicos.

La muerte es algo en lo que nadie quiere pensar. Es incómodo, desagradable y ocasionalmente aterrador.

Durante los últimos 50 años, ha habido una amplia legislación en los Estados Unidos para honrar los deseos últimos de una persona, en particular para las personas que no pueden hablar por sí mismas.

Según una investigación de 2016 publicada en una revista de salud, solo alrededor del 30 % de las personas en los Estados Unidos han firmado un testamento en vida. Según el estudio, las personas con enfermedades crónicas eran ligeramente más propensas que las personas sanas a dejar de lado sus deseos al final de la vida.

Un testamento en vida sirve como una guía de viaje con principios clave, pero no pueden dar cuenta de todas las eventualidades. Por eso es fundamental comunicarse. Ya sea que crees o no un testamento en vida, los miembros de la familia y los cuidadores deben estar informados de tus deseos. En general, los testamentos en vida se utilizan en situaciones como:

- Accidente cerebrovascular
- Coma
- Demencia (avanzada)
- Lesión cerebral extrema
- Estado vegetativo persistente
- Otras condiciones de la etapa final

Una directiva anticipada se crea combinando un testamento en vida con un poder notarial médico. Los testamentos vitales son valiosos para personas de todas las edades.

Si las personas no transmiten sus deseos de atención, especialmente los jóvenes, pueden resultar gravemente heridos en accidentes y quedar en estado vegetativo durante años. Los expertos instan a que todos elijan a una persona de confianza para que al menos tome decisiones médicas vitales en su cuenta.

Hacer un testamento en vida

Nunca es fascinante pensar en morir, pero es vital al crear un testamento en vida. A lo largo de este proceso, se planteará numerosas preguntas, pero una que es particularmente crucial para considerar es: ¿Qué hace que la vida valga la pena para ti? Tu respuesta puede estar influenciada por tus convicciones religiosas o morales. Puedes verte afectado por la experiencia personal en el pasado.

Debes decidir si necesitas o no terapias específicas y en qué condiciones. ¿Deberías ponerte un ventilador si tuvieras la posibilidad de recuperarte? ¿Qué pasaría si te mantuviera con vida pero te impidiera comunicarte con otras personas?

¿Cuánto tiempo crees que te gustaría que dure? ¿Hay algunas circunstancias en las que lo consideraría?

· · ·

Las sondas de alimentación y los ventiladores, por ejemplo, pueden ayudar a salvar vidas al darle tiempo al cuerpo para recuperarse. Estos esfuerzos, por otro lado, pueden lograr poco más allá de prolongar la muerte al final de la existencia, planteando aún más problemas con respecto a la calidad frente a la cantidad de vida. Aquí se proporciona una lista de posibles métodos para prolongar la vida:

- Donación de órganos
- Si tu respiración o los latidos de tu corazón se detienen, es posible que necesites reanimación
- El dolor, las náuseas y otros síntomas pueden ser alivio de la respiración artificial (ventilador).
- Diálisis
- Tubo de alimentación

Tus sentimientos acerca de estas terapias pueden cambiar con el tiempo. Según tu salud, tu percepción puede cambiar.

Por ejemplo, la atención al final de la vida de una persona sana de 30 años puede ser muy diferente de la de una persona de 80 años con cáncer en etapa cuatro. La mayoría de los documentos se pueden cancelar o modificar en una fecha posterior, siempre que aún pueda firmar documentos legales y no esté discapacitado.

Conclusión

Si has leído este libro en su totalidad, debo decir que has aprendido y adquirido las claves para una jubilación anticipada y asentada. La experiencia de la jubilación puede ser tanto emocionante como aterradora, según el camino que elijas para ella. Si eres lo suficientemente inteligente como para hacer que tus ahorros para la jubilación sean cómodos, los ahorros y las inversiones pueden ser satisfactorios.

Creemos que la jubilación es un mundo nuevo que comienza después de que terminan tus días de trabajo. Sin duda, es un período para disfrutar de tus días dorados, y debe ser lo más reconfortante posible. Por supuesto, si eres una persona apegada al trabajo duro y se preocupa por cualquier tipo de actividad, también puedes continuar trabajando después de la jubilación.

Después de la jubilación, tienes muchas opciones para invertir tus días y tu tiempo.

Podrías dedicarte a ese pasatiempo que siempre quisiste pero para el que no tuviste tiempo. O incluso salir a viajar por el mundo como siempre soñaste. Todo eso es ciertamente posible si planificas tu jubilación a fondo. La planificación para la jubilación es una tarea desafiante, sin duda, pero una vez que hayas diseñado tu plan maestro, te sentirás muy seguro de ti mismo.

Para comenzar a planificar tu jubilación, debes considerar muchas cosas, como el momento de tu jubilación, tus ingresos actuales, tu estilo de vida, tus ahorros, tu inversión e incluso el período que deseas trabajar. Al considerar estos factores, tendrás en última instancia, una imagen clara de la jubilación que estás buscando.

Deberás comenzar a presupuestar y ahorrar cada centavo para tus fondos de jubilación. Como estadounidense, tienes varias oportunidades para jubilarte dentro de Estados Unidos. El gobierno facilita y cuida completamente a sus ciudadanos mayores con seguridad social y políticas como esa.

Una vez decidido, pasa al siguiente paso para decidir cómo y qué ahorrar o incluso invertir. Hay muchas opciones para que un estadounidense empleado ahorre para su jubilación o invierta fondos para asegurar un futuro. Estar empleado significa muchas oportunidades para ahorrar e invertir para tu jubilación. Tu empleador también puede ofrecer contribuir a una cuenta de ahorros 401(k) o Roth IRA. O incluso facilitarte una cuenta de pensión.

La inversión inmobiliaria también podría ser una opción fantástica. Aparte de eso, te recomendamos que reduzca el tamaño y ahorre dinero a lo largo de tu vida. Ahora, lo entiendo, la reducción de personal puede parecer desalentador y bastante estresante al principio. Sin embargo, trae muchas ventajas a tu posición financiera. Cuando reduces el tamaño, ahorras mucho dinero. Tienes la oportunidad de tener nuevas experiencias y un cambio de estilo de vida.

Un nuevo comienzo a menudo resulta ser bastante beneficioso para tu salud. Sin embargo, depende de algunos factores decidir si mudarse es bueno para ti o una mala elección. Claro, ser dueño de una propiedad tiene sus ventajas, pero alquilar puede salvarlo de cualquier obligación.

Responsabilidades como el pago de impuestos y el mantenimiento de la propiedad no son responsabilidad tuya cuando alquilas una casa para ti.

Una cosa a tener en cuenta es tener control sobre tus emociones cuando te muda o reduces tu personal. Las emociones pueden desencadenarnos con actitudes impulsivas. Uno puede quedar atrapado en el viaje de la culpa y terminar comprando más de la cantidad presupuestada solo porque piensas que es un momento difícil en tu vida y está bien gastar un poco más.

Aparte de la reducción de gastos, debes investigar a fondo los valores médicos para tu jubilación. Varias pólizas cubren tus gastos médicos durante la jubilación; sin embargo, Medicare es el más destacado.

Es posible que tengas ciertas necesidades para tus condiciones médicas particulares. Tal vez hayas heredado algún tipo de historial médico de enfermedades como diabetes o enfermedades cardíacas o incluso cáncer.

Si solo viene de familia, entonces no puedes evitarlo. Entonces necesitarás seguro médico y seguridad cuando llegues a la vejez y busques apoyo. Por lo tanto, debe decidir qué pólizas y qué seguros son mejores para ti, junto con su costo e impuestos. El presupuesto juega un papel muy importante en todos los aspectos de la jubilación.

Especialmente si acabas de decidir jubilarte antes del tiempo predeterminado, debes prepararte para sacrificios extraordinarios y renunciar a ciertas cosas. Por ejemplo, ya no puedes realizar excursiones de fin de semana todas las semanas. Ahorrar ese dinero con unos tragos es más importante que despertarte con resaca al día siguiente.

Luego viene la escritura de la parte testamentaria. Un testamento es algo que va a ayudar a tus seres queridos cuando fallezcas. Va a ayudar a distribuir tu propiedad y activos entre tus seres queridos según tus instrucciones. Decimos que escribir un testamento debe ser una prioridad importante para ti.

Existen muchos tipos de testamentos, pero los más auténtico es el tipo que está firmado por alguien de confianza. Tener un testamento que tenga testigos y firmas apropiadas tiene autoridad cuando se impugna en la corte.

Es decir, no se puede negar ni descuidar si alguien alguna vez intenta aprovecharse de tu muerte y reclamar los bienes que legítimamente pertenecen a tus seres queridos: escriba un testamento y declara quién recibe qué.

Nombra a tus beneficiarios y divide tu patrimonio según tu deseo. Si prefieres no hacerlo, el tribunal hará lo que debe hacerse y distribuirá tu propiedad como se encuentra justo. Para evitar eso, debes escribir tu testamento y asegurar tu propiedad antes de que alguien intente criticar a tu familia después de tu fallecimiento.

Por último, pasa precisamente con la parte de pensiones. Por lo general, hay dos tipos de opciones en la pensión. El plan de prestación definida y el plan de aportación definida. Ambos ofrecen pensiones; sin embargo, uno es planificado y fijo, mientras que el otro depende del rendimiento de la inversión. Las pensiones son una excelente manera de asegurarte de que tu familia esté cubierta incluso después de tu fallecimiento.

La jubilación es una recompensa que requiere que una persona trabaje durante toda su vida para poder disfrutar de los frutos al final después de que haya terminado su trabajo.

Para tener una jubilación maravillosa como la que siempre has soñado, a veces debes hacer sacrificios sustanciales en tu carrera, pero son pequeños en comparación con lo que recibirás al final. Todos te deseamos la mejor de las suertes con tu planificación financiera y esperamos que termines asegurándote una jubilación cómoda y emocionante.

www.ingramcontent.com/pod-product-compliance
Lightning Source LLC
Chambersburg PA
CBHW071623030726
47598CB00001B/408